“매일 성장하는 **초등 자기개발서**”

wi 완자

공부력

Q 왜 공부력을 키워야 할까요?

쓰기력

정확한 의사소통의 기본기이며 논리의 바탕

연필을 잡고 종이에 쓰는 것을 괴로워한다!
맞춤법을 몰라 정확한 쓰기를 못한다!
말은 잘하지만 조리 있게 쓰는 것이 어렵다!
그래서 글쓰기의 기본 규칙을 정확히 알고
써야 공부 능력이 향상됩니다.

어휘력

교과 내용 이해와 독해력의 기본 바탕

어휘를 몰라서 수학 문제를 못 푼다!
어휘를 몰라서 사회, 과학 내용 이해가 안 된다!
어휘를 몰라서 수업 내용을 따라가기 어렵다!
그래서 교과 내용 이해의 기본 바탕을
다지기 위해 어휘 학습을 해야 합니다.

독해력

모든 교과 실력 향상의 기본 바탕

글을 읽었지만 무슨 내용인지 모른다!
글을 읽고 이해하는 데 시간이 오래 걸린다!
읽어서 이해하는 공부 방식을 거부하려고 한다!
그래서 통합적 사고력의 바탕인 독해 공부로
교과 실력 향상의 기본기를 닦아야 합니다.

계산력

초등 수학의 핵심이자 기본 바탕

계산 과정의 실수가 잦다!
계산을 하긴 하는데 시간이 오래 걸린다!
계산은 하는데 계산 개념을 정확히 모른다!
그래서 계산 개념을 익히고 속도와 정확성을
높이기 위한 훈련을 통해 계산력을 키워야 합니다.

한자 카드

카드를 활용하여 이 책에서 배운 한자와 어휘를 복습해 보세요.

※ 점선을 따라 뜯어요.

兒

傳

善

性

友

知

見

思

望

情

점선을 따라 자르세요.

착할 선

최선(最善) | 친선(親善)
선심(善心) | 위선(僞善)

전할 전

전달(傳達) | 전통(傳統)
전설(傳說) | 유전(遺傳)

아이 아

아동(兒童) | 미아(迷兒)
육아(育兒) | 신생아(新生兒)

벗 우

우정(友情) | 우애(友愛)
교우(交友) | 우호적(友好的)

성품 성

성질(性質) | 성품(性品)
감성(感性) | 적성(適性)

생각 사

사모(思慕) | 사춘기(思春期)
사고방식(思考方式) |
의사소통(意思疏通)

볼 견

의견(意見) | 편견(偏見)
발견(發見) | 견학(見學)

알 지

지식(知識) | 지능(知能)
인지도(認知度) | 지인(知人)

뜻 정

감정(感情) | 열정(熱情)
온정(溫情) | 동정(同情)

바랄 망

희망(希望) | 전망(展望)
실망(失望) | 유망주(有望株)

점선을 따라 자르세요.

※ 점선을 따라 뜯어요.

品

商

產

價

賣

獨

害

爭

約

終

점선을 따라 자르세요.

낳을 산

출산(出產) | 생산(生產)
재산(財產) | 농산물(農產物)

visang

장사 상

상품(商品) | 상점(商店)
협상(協商) | 행상(行商)

visang

물건 품

제품(製品) | 식품(食品)
품질(品質) | 학용품(學用品)

visang

팔 매

판매(販賣) | 매장(賣場)
매출(賣出) | 매진(賣盡)

visang

값 가

가격(價格) | 가치(價値)
정가(定價) | 물가(物價)

visang

다툴 쟁

경쟁(競爭) | 분쟁(紛爭)
전쟁(戰爭) | 항쟁(抗爭)

visang

해할 해

공해(公害) | 방해(妨害)
손해(損害) | 침해(侵害)

visang

홀로 독

단독(單獨) | 독도(獨島)
독점(獨占) | 독창적(獨創的)

visang

마칠 종

시종일관(始終一貫) | 종료(終了)
종일(終日) | 최종(最終)

visang

맺을 약

공약(公約) | 약속(約束)
예약(豫約) | 협약(協約)

visang

점선을 따라 자르세요.

완자

공부력

초등 전과목

한자 어휘 4A

초등 전과목 한자 어휘 3A-4B 구성

한자 학습

3A	開 열 개	感 느낄 감	共 함께 공	代 대신할 대	表 겉 표
	近 가까울 근	多 많을 다	注 부을 주	身 몸 신	習 익힐 습
	公 공평할 공	分 나눌 분	音 소리 음	野 들 야	和 화목할 화
	交 사귈 교	國 나라 국	溫 따뜻할 온	通 통할 통	意 뜻 의
3B	計 셀 계	高 높을 고	別 나눌 별	光 빛 광	明 밝을 명
	路 길 로	目 눈 목	信 믿을 신	失 잃을 실	成 이룰 성
	弱 약할 약	體 몸 체	風 바람 풍	反 돌이킬 반	本 근본 본
	席 자리 석	運 옮길 운	定 정할 정	集 모을 집	行 다닐 행
4A	兒 아이 아	傳 전할 전	善 착할 선	性 성품 성	友 벗 우
	知 알 지	見 볼 견	思 생각 사	望 바랄 망	情 뜻 정
	品 물건 품	商 장사 상	產 낳을 산	價 값 가	賣 팔 매
	獨 홀로 독	害 해할 해	爭 다툴 쟁	約 맺을 약	終 마칠 종
4B	改 고칠 개	選 가릴 선	着 붙을 착	位 자리 위	要 중요할/구할 요
	雨 비 우	魚 물고기 어	洗 씻을 세	談 말씀 담	電 번개 전
	加 더할 가	觀 볼 관	比 견줄 비	建 세울 건	止 그칠 지
	能 능할 능	效 본받을 효	必 반드시 필	許 허락할 허	完 완전할 완

중요 한자를 학습하고, 한자에서 파생된
전과목 교과서 어휘의 실력을 키워요!

교과서 어휘 학습

국어
유전 | 감정 | 의견 | 행상 | 가치 등

수학
정가 | 물가 등

사회
우호적 | 품질 | 협상 | 생산 | 매출 등

과학
전통 | 성질 | 발견 | 유망주 | 시종일관 등

음악 미술 체육
친선 | 적성 | 전망 | 독창적 | 최종 등

특징과 활용법

하루 4쪽 공부하기

* 그림과 간단한 설명으로 오늘 배울 한자를 익혀요.
* 해당 한자가 들어간 교과서 필수 어휘를 배우고, 확인 문제로 그 뜻을 이해해요.

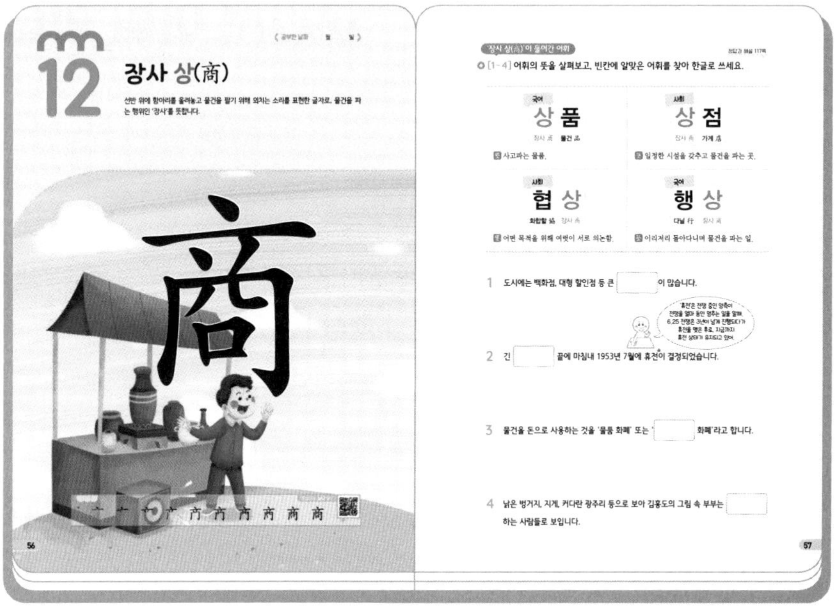

12
장사 상(商)
상품
상점
협상
행상

* 문제를 풀며 한자와 어휘 실력을 모두 잡아요.
* 배운 어휘를 직접 사용해 보며 표현력을 기르고, 한자를 쓰면서 오늘 학습을 마무리해요.

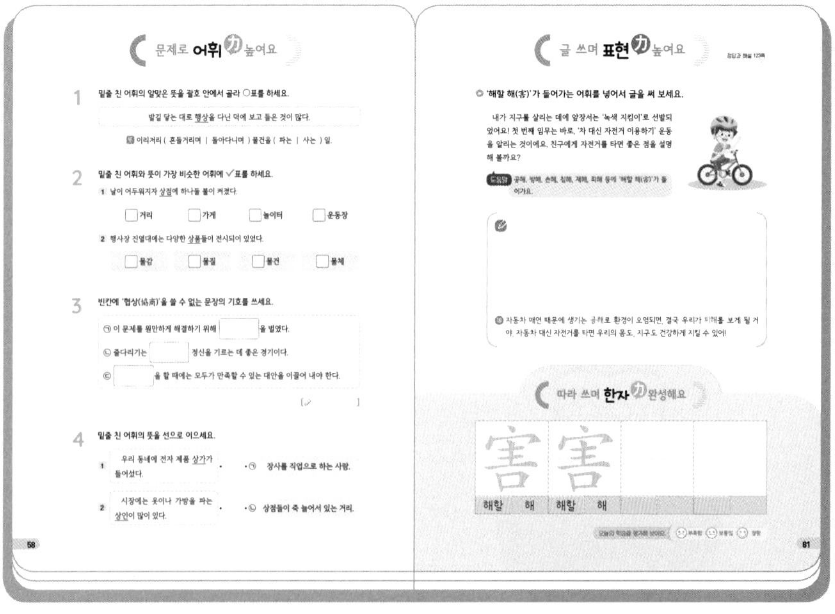

문제로 어휘 力 높여요
글 쓰며 표현 力 높여요
따라 쓰며 한자 力 완성해요

- 책으로 하루 4쪽 공부하며, 초등 어휘력을 키워요!
- 모바일앱으로 공부한 내용을 복습하고 몬스터를 잡아요!

공부한 내용 확인하기

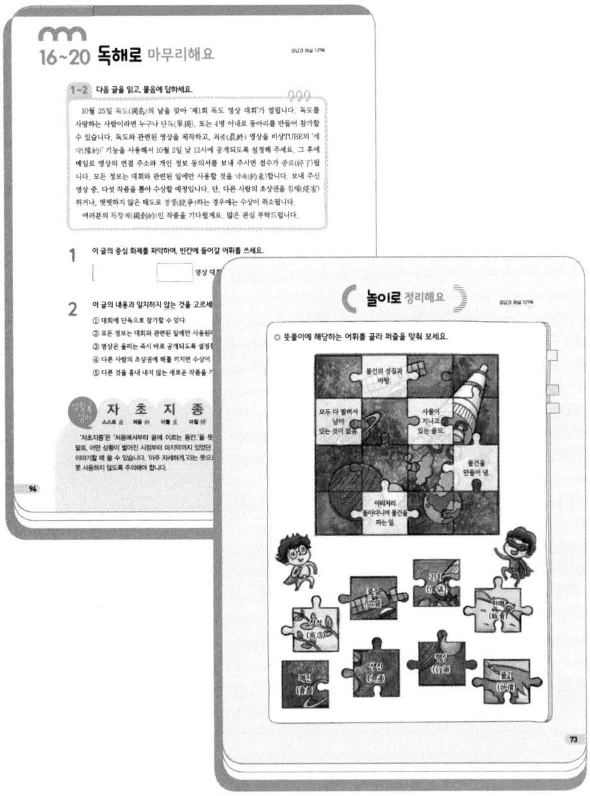

16~20 독해로 마무리해요
놀이로 정리해요

✳ 5일 동안 배운 한자가 포함된 글을 읽고, 문제를 풀면서 독해력을 키워요.

✳ 중요 한자성어를 실생활에서 사용할 수 있도록 배워요.

✳ 다양한 어휘 놀이로 5일 동안 배운 어휘를 재미있게 정리해요.

모바일앱으로 복습하기

공부력
MONSTER

앱 다운받기

책 인증하기

✳ 그날 배운 내용을 바로바로, 또는 주말에 모아서 복습하고, 다이아몬드 획득까지! 공부가 저절로 즐거워져요!

차례

한 친구가
작은 습관을 만들었어요.
매일매일의 시간이 흘러
작은 습관은 큰 습관이 되었어요.
큰 습관이 지금은 그 친구를 이끌고
있어요. 매일매일의 좋은 습관은
우리를 좋은 곳으로 이끌어 줄 거예요.

우리도
하루 4쪽 공부 습관!
스스로 공부하는 힘을
키워 볼까요?

《 공부한 날짜 월 일 》

01

아이 아(兒)

아직 머리 혈이 닫히지 않은 어린아이의 머리와 젖니를 표현한 글자로, '아이'를 뜻합니다.

兒

영상으로 필순보기

兒

정답과 해설 104쪽

[1~4] 어휘의 뜻을 살펴보고, 알맞은 예문을 찾아 선을 연결하세요.

실과

아동

아이 兒 아이 童

뜻 어린아이. 어린이.

안전한 생활

미아

미혹할 迷 아이 兒

뜻 길이나 집을 잃고 헤매는 아이.

사회

육아

기를 育 아이 兒

뜻 어린아이를 기름.

사회

신생아

새로울 新 날 生 아이 兒

뜻 태어난 지 얼마 되지 않은 아이.

1 『양아록』이란 책은 할아버지가 쓴 (   ) 일기로, 손자에 대한 할아버지의 사랑이 담겨 있습니다.

2 국가에서는 각 가정에 출산 장려금과 (   ) 수당 등 출산비와 양육비를 지원합니다.

3 (   )의 수가 줄어 출산을 도와주는 병원이 줄어들었습니다.

4 (   ) 보호소는 길을 잃은 어린이를 보호하여 집이나 부모를 찾아 주는 곳입니다.

문제로 어휘 力 높여요

1 밑줄 친 어휘와 뜻이 비슷한 어휘에 ○표를 하세요.

산부인과 분만실에서 <u>신생아</u>의 울음소리가 우렁차게 들렸다.
(첫아이 | 갓난아이)

2 밑줄 친 곳에 공통으로 들어갈 어휘에 ✓표를 하세요.

- 이번 대회는 10세 미만의 __________ 을 대상으로 개최된다.
- 유엔 __________ 권리 협약은 어린이가 마땅히 누려야 할 권리를 제시하고 있다.

☐ 아동 ☐ 성인 ☐ 청년 ☐ 노인

3 빈칸에 '아(兒)' 자를 넣어, 다음 행위를 모두 포함하는 어휘를 쓰세요.

- 아이의 잠자리를 살핍니다.
- 아이에게 밥을 차려 줍니다.
- 아이를 씻기고 옷을 입혀 줍니다.

→ ☐☐

4 밑줄 친 말과 바꾸어 쓸 수 있는 어휘의 기호를 보기에서 골라 쓰세요.

보기
㉠ 미아(迷兒) ㉡ 태아(胎兒)

1 의사는 <u>뱃속의 아이</u>가 건강하게 잘 자라고 있다고 말했다. [ ]

2 나는 <u>길을 잃은 아이</u>처럼 거리 한복판에 멍하니 서 있었다. [ ]

글 쓰며 표현力 높여요

정답과 해설 104쪽

'아이 아(兒)'가 들어가는 어휘를 넣어서 글을 써 보세요.

사람은 배가 고프면 밥을 먹고, 졸리면 잠을 자고, 가고 싶은 곳에도 마음대로 갈 수 있어야 해요. 이처럼 자신의 행복을 위해 자유롭게 누릴 수 있는 모든 것을 '권리'라고 하지요. 어린이에게도 권리가 있어요. 내가 가진 권리는 무엇인지 당당하게 선언해 볼까요?

아동의 권리
아동의 권리

도움말 아동, 육아, 미아, 소아과 등에 '아이 아(兒)'가 들어가요.

예 나는 미래를 책임질 아동으로서, 쾌적한 육아 환경 속에서 어른들의 돌봄과 보호를 받으며, 꿈과 희망을 품는 사람으로 자랄 권리가 있습니다.

따라 쓰며 한자力 완성해요

兒	兒			
아이 아	아이 아			

오늘의 학습을 평가해 보아요. 부족함 보통임 잘함

02 전할 전(傳)

'亻(人, 사람 인)'과 실 감는 도구를 든 모습을 나타낸 '專(오로지 전)'을 합한 글자로, 이 사람에게서 저 사람에게로 사물을 전한다는 데서 '전하다'를 뜻합니다.

傳

영상으로 필순 보기

丿 亻 … 傳 傳

'전할 전(傳)'이 들어간 어휘

정답과 해설 105쪽

[1~4] 어휘의 뜻을 살펴보고, 빈칸에 알맞은 어휘를 찾아 한글로 쓰세요.

사회

전달 (전할 傳 / 통할 達)

뜻 지시, 명령, 물품 등을 다른 사람이나 기관에 전함.

과학

전통 (전할 傳 / 거느릴 統)

뜻 어떤 공동체에서 예전부터 이어 내려오는 사상·관습·행동 등의 양식.

음악

전설 (전할 傳 / 말씀 說)

뜻 옛날부터 전하여 내려오는 이야기.

국어

유전 (남길 遺 / 전할 傳)

뜻 어버이의 신체적·정신적 특징이 자손에게 전해짐.

1 한지는 닥나무로 만든 우리나라의 [　　　] 종이입니다.

2 우체국은 우편물을 요청한 곳으로 [　　　]하는 업무를 합니다.

3 이 책은 옥수수를 대량 생산할 때 [　　　]자를 조작하는 문제를 다루고 있습니다.

4 이 곳은 사랑을 이루지 못한 두 남녀가 서로를 바라보고 있는 산봉우리가 되었다는 [　　　]을 바탕으로 한 노래입니다.

문제로 어휘力 높여요

1 빈칸에 알맞은 어휘를 쓰세요.

'두레'란 농촌에서 농사일을 함께 하려고 만든 마을 단위의 조직을 말해요. 기쁨은 두 배로, 슬픔은 반으로 나누는 두레는 우리 겨레의 아름다운 [ㅈ][ㅌ]입니다.

[✎]

2 밑줄 친 곳에 공통으로 들어갈 어휘에 ✓표를 하세요.

- 종이는 정보를 ________하는 매체로 쓰입니다.
- 그림이나 그래프를 활용하면 내용을 효과적으로 ________할 수 있습니다.

☐ 전염(傳染) ☐ 전래(傳來) ☐ 전달(傳達)

3 밑줄 친 어휘의 알맞은 뜻에 ✓표를 하세요.

지명이나 <u>전설</u> 등 다양하게 남아 있는 우리 고장의 옛이야기를 조사해 봅시다.

☐ 옛날부터 전하여 내려오는 이야기.

☐ 실제로 있었던 일을 꾸밈없이 전하는 이야기.

4 다음 대화의 주제를, '전할 전(傳)'이 들어가는 어휘를 넣어서 쓰세요.

유나: 언니는 아빠를 정말 많이 닮은 것 같아.

지영: 그렇지? 아빠와 나는 생김새뿐만 아니라 말투, 걸음걸이, 좋아하는 음식까지 비슷하더라고. 생각할수록 참 신기해.

[✎]의 신비

글 쓰며 표현力 높여요

정답과 해설 105쪽

‘전할 전(傳)’이 들어가는 어휘를 넣어서 글을 써 보세요.

친구들과 우리나라 민속놀이를 하고 있는데, 외국인 친구가 관심을 보이네요. 외국인 친구도 함께 민속놀이를 할 수 있도록 친절하게 놀이 방법을 설명해 주세요.

도움말 전통, 전달, 전파, 전승 등에 ‘전할 전(傳)’이 들어가요.

예 안녕? 이건 우리나라 전통 놀이인데 ‘제기차기’라고 해. 발로 제기를 더 많이 차는 사람이 이기는 거야. 여러 명이 연달아 제기를 찰 때에는 상대에게 제기를 전달해 주기도 해. 같이 해 볼래?

따라 쓰며 한자力 완성해요

傳	傳		
전할 전	전할 전		

오늘의 학습을 평가해 보아요. 부족함 보통임 잘함

03

착할 선(善)

선한 동물의 상징인 양의 눈망울을 그린 글자로, '착하다', '사이좋다'를 뜻합니다.

영상으로 필순 보기

丶 丷 䒑 𦍌 𦍌 羊 羊 羊 盖 善 善 善

정답과 해설 106쪽

[1~4] 어휘의 뜻을 살펴보고, 알맞은 예문을 찾아 선을 연결하세요.

체육

최 선

가장 最 착할 善

뜻 온 정성과 힘.

난 한자 공부에
최선을 다하고 있어!

실과

친 선

친할 親 착할 善

뜻 서로 간에 가깝고 사이가 좋음.

국어

선 심

착할 善 마음 心

뜻 남에게 베푸는 후한 마음.

아무도 내 검은
속내는 모를 거야.
훗…

위 선

거짓 僞 착할 善

뜻 겉으로만 착한 체함.

• 1 [ ]을 쓰는 듯 말했지만, 속으로 좀 걱정이 되었다.

• 2 연습 활동에 빠지지 않고 참여하여 [ ]을 다했나요?

• 3 다른 사람들과 어울리거나 이야기하는 것을 좋아하는 사람은 [ ] 도모형이다.

• 4 이 소설은 겉모습만 중시하는 양반들의 [ ]을 풍자한다.

문제로 어휘 力 높여요

1 빈칸에 들어갈 어휘를 보기에서 골라 쓰세요.

보기

최선(最善)   친선(親善)

1 끝까지 포기하지 않고, [   ]을 다하는 사람이 승자이다.

2 스포츠 경기를 통해 세계 여러 나라와 [   ]을 도모할 수 있다.

2 다음 어휘와 뜻이 비슷한 어휘에 ○표를 하세요.

선심(善心) — 비슷한 뜻

명심	인심	양심	이기심

3 밑줄 친 부분과 바꾸어 쓸 수 있는 어휘에 ✓표를 하세요.

동화책에는 여우의 <u>겉으로만 착한 체하는 모습</u>이 얄밉게 표현되었다.

☐ 개선(改善)   ☐ 위선(僞善)   ☐ 위조(僞造)

4 다음 내용에 알맞은 어휘에 ○표를 하세요.

『흥부전』에서 선한 인물인 흥부는 잘 살게 되고, 나쁜 행동을 일삼은 '놀부'는 벌을 받게 된다. '권선징악(勸善懲惡)'은 (착한 / 악한) 일을 권장하고, (착한 / 악한) 일을 징계한다는 뜻으로, 『흥부전』의 주제를 나타낸다.

글 쓰며 표현力 높여요

정답과 해설 106쪽

‘착할 선(善)’이 들어가는 어휘를 넣어서 글을 써 보세요.

선한 어린이 선발 대회에 나갔어요! 다른 사람을 돕는 행동이나, 말을 한 적이 있나요? 이러한 경험을 쓰고, 자신이 했던 선한 일 하나를 마음껏 자랑해 봅시다.

도움말 친선, 최선, 자선, 선행 등에 ‘착할 선(善)’이 들어가요.

예 나는 크게 다투고 서먹해진 친구들이 화해할 수 있도록 최선을 다해 도왔어. 내 노력 끝에 둘은 오해를 풀고 다시 사이가 좋아졌지. 나의 이런 능력을 잘 기른다면 나중에 국가 간의 친선 관계를 도모하는 일에도 활용할 수 있지 않을까?

따라 쓰며 한자力 완성해요

善	善				
착할 선	착할 선				

오늘의 학습을 평가해 보아요. 부족함 보통임 잘함

04

성품 성(性)

'心(마음 심)'과 '生(날 생)'이 합한 글자로, 태어날 때부터 가지고 있는 마음이라는 의미에서 '성격', '성품'을 뜻합니다.

性

영상으로 필순보기

정답과 해설 107쪽

[1~4] 어휘의 뜻을 살펴보고, 빈칸에 알맞은 어휘를 찾아 한글로 쓰세요.

과학 **성 질** 성품 性 바탕 質 뜻 사물이나 현상이 가지고 있는 고유의 특성.	**성 품** 성품 性 물건 品 뜻 사람의 성질이나 됨됨이.
음악 **감 성** 느낄 感 성품 性 뜻 감각과 감정으로 세상을 느끼고 판단하는 기능.	실과 **적 성** 맞을 適 성품 性 뜻 어떤 일에 알맞은 사람의 성질이나 능력.

1 노래를 들으며 음악적 [ ] 역량을 길러 봐요.

2 박 선생님은 참으로 너그러운 [ ]을 가지고 있다.

3 자신의 [ ]이나 흥미, 성격 등을 이해하고, 특성에 맞는 직업을 선택할 수 있어요.

4 용수철저울은 무게에 따라 그 길이가 일정하게 늘어나는 용수철의 [ ]을 이용하여 만든 저울입니다.

문제로 어휘 力 높여요

1 ‘성품(性品)’에 해당하는 것에 모두 ✓표를 하세요.

성품

- ☐ 상냥하다.
- ☐ 초등학생이다.
- ☐ 머리카락이 길다.
- ☐ 불의를 참지 못한다.

2 ㉠~㉢이 무엇을 설명하는지 골라 ○표를 하세요.

㉠ 서로 잘 붙어요.
㉡ 부드럽지만 잘 부서지지 않아요.
㉢ 여러 가지 모양으로 쉽게 바꿀 수 있어요.

▶ 찰흙의 [용도 | 성질 | 재료]

3 ‘성(性)’ 자를 넣어, 빈칸에 공통으로 들어갈 어휘를 쓰세요.

• 그 시인은 ☐ 이/가 풍부한 사람이다.
• 이성과 ☐ 이/가 조화롭게 균형을 이루어야 한다.

[✎]

4 다음 어휘와 비슷한 뜻인 어휘에 ○표를 하세요.

적성(適性)

비슷한 뜻

소질 | 물질 | 품질

글 쓰며 표현力 높여요

정답과 해설 107쪽

'성품 성(性)'이 들어가는 어휘를 넣어서 글을 써 보세요.

재미있게 보았던 만화나 영화의 등장인물이 나와 닮았다고 느낀 적이 있나요? 특히 인물의 어떤 부분이 나와 닮았다고 느꼈는지 이야기해 주세요.

도움말 성격, 특성, 성향, 본성 등에 '성품 성(性)'이 들어가요.

예 나는 만화 주인공 중에서도 '뽀로로'와 성격이 닮았어. 나도 개구쟁이 '뽀로로'처럼 친구들과 노는 것을 좋아하고, 장난치는 것도 매우 좋아하는 성향이거든.

따라 쓰며 한자力 완성해요

性		性					
성품	성	성품	성				

오늘의 학습을 평가해 보아요. 부족함 보통임 잘함

《 공부한 날짜 월 일 》

05 벗 우(友)

친한 벗과 서로 손을 잡고 있는 모습을 나타낸 글자로, '친구'를 뜻합니다.

友

영상으로 필순 보기

一 ナ 方 友

'벗 우(友)'가 들어간 어휘

정답과 해설 108쪽

[1~4] 어휘의 뜻을 살펴보고, 알맞은 예문을 찾아 선을 연결하세요.

국어
우정 (벗 友, 뜻 情)

뜻 친구 사이의 정.

1 이 책은 바위나리와 아기별이 친구가 되는 [   ] 이야기를 담고 있다.

도덕
우애 (벗 友, 사랑 愛)

뜻 형제간 또는 친구 간의 사랑.

2 우리나라는 여러 나라와 관계를 [   ](으)로 유지하기 위해 다양한 외교 활동을 펼치고 있다.

교우 (사귈 交, 벗 友)

뜻 벗을 사귐. 또는 그 벗.

3 가족 간의 화목을 다지기 위해서는 형제나 자매와 [   ]을/를 돈독히 해야 합니다.

사회
우호적 (벗 友, 좋을 好, 과녁 的)

뜻 개인이나 나라끼리 서로 사이가 좋은.

4 그 친구는 활발하고 다정한 성격으로, [   ] 관계가 좋다고 소문이 났어.

문제로 어휘力 높여요

1 **빈칸에 '벗 우(友)'가 들어가는 어휘를 쓰세요.**

"너희 같은 친구들이 있어서 뭐든 다 헤쳐 나갈 수 있을 것 같아. [　　　] 이야말로 세상에서 가장 소중한 거니까."

2 **밑줄 친 어휘의 알맞은 뜻에 ✔표를 하세요.**

두 나라는 서로 형제의 나라라고 할 만큼 <u>우호적</u>이다.

- ☐ 서로 힘을 모아 돕지 아니하는.
- ☐ 낯이 설거나 친하지 아니하여 어색한.
- ☐ 개인이나 나라끼리 서로 사이가 좋은.

3 **문장에 알맞은 어휘를 괄호 안에서 골라 ○표를 하세요.**

나는 내 쌍둥이 형과 자주 대화하면서 (우애 | 교우) 있게 지낸다.

4 **한자 성어의 풀이 중, 밑줄 친 곳에 들어갈 말을 고르세요.**

죽마고우 (竹馬故友)	대나무로 만든 말을 타면서 함께 놀던 사이라는 뜻으로, 어릴 때부터 같이 놀며 자란 친한 ________ 을/를 이름.

① 동생　② 부모　③ 친구　④ 스승　⑤ 친척

글 쓰며 표현力 높여요

정답과 해설 108쪽

'벗 우(友)'가 들어가는 어휘를 넣어서 글을 써 보세요.

나와 가깝게 지내는 친구 중에 특별히 고마움을 표현하고 싶은 친구를 떠올려 보세요. 그 친구에게 고마움을 느꼈던 내용을 담아 상장을 만들어 보세요.

도움말 우정, 우애, 우호적, 교우 등에 '벗 우(友)'가 들어가요.

예 최고의 친구 상: 위 어린이는 교우 관계를 어려워하는 내게 먼저 다가와 주었고, 어떤 상황에서든 내 편이 되어 주어 우리의 우애를 돈독하게 하였으므로, 이 상장을 수여합니다.

따라 쓰며 한자力 완성해요

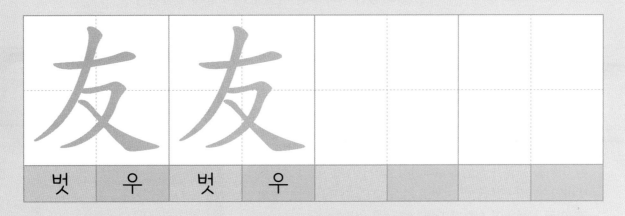

友	友		
벗 우	벗 우		

오늘의 학습을 평가해 보아요. 부족함 보통임 잘함

01~05 독해로 마무리해요

정답과 해설 109쪽

1~2 다음 글을 읽고, 물음에 답하세요.

최근 온라인에 사진을 올리고, 댓글이나 메시지로 이야기를 나누는 '누리소통망'이 인기입니다. 이용 연령도 아동(兒童)부터 성인까지 다양합니다. 누리소통망은 다른 사람에게 소식을 실시간으로 전달(傳達)할 수 있는 매체입니다. 그러므로 거리나 시간에 상관없이, 전 세계 사람들과 우정(友情)을 쌓을 수 있습니다. 요즘은 누리소통망을 다양한 제품이나 식품의 정보를 얻는 방법으로 사용하기도 합니다. 그러나 온라인의 특성(特性)상, 과장된 정보 또는 거짓 정보가 쉽게 전달될 수 있으므로 이를 분별하는 판단력을 갖추기 위해 최선(最善)을 다해야 합니다. 일부 이용자는 자신을 감추고 상대를 위선(僞善)적으로 대하기도 하므로, 서로에게 신뢰가 충분히 쌓인 후에 상대와 우호적(友好的)인 관계를 맺는 것이 좋습니다. 마지막으로 온라인 속 세상에 너무 몰입하지 않도록 주의해야 합니다.

1 글쓴이가 말하고자 하는 바를 파악하여, 빈칸에 들어갈 말을 쓰세요.

{ [ ] 을/를 사용할 때 주의할 점 }

2 이 글의 내용을 다음과 같이 정리할 때, 알맞지 않은 것을 고르세요.

누리소통망의 장점	① 소식을 실시간으로 전달할 수 있다. ② 전 세계 사람들과 친구가 될 수 있다. ③ 제품이나 식품의 정보를 얻을 수 있다.
누리소통망의 단점	④ 모두가 위선적인 태도를 가진 사람들이다. ⑤ 과장된 정보 또는 거짓 정보가 쉽게 전달된다.

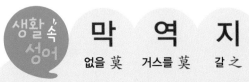

생활 속 성어

막역지우

없을 莫 거스를 逆 갈 之 벗 友

『장자』에 나오는 우화에서 비롯된 말로, 원래는 세상의 참된 이치를 깨달아 사물에 얽매이지 않는 사람들 간의 교류를 뜻하였습니다. 오늘날에는 서로 거스르지 않는 친구라는 뜻으로, 아무 허물없이 친하게 지내는 친구를 가리킵니다.

아까 내가 한 말 마음에 두지 마.
엥? 무슨 말이야?
네가 오해할 말을 한 것 같아서…
내가 오해했다면 너한테 바로 말했겠지. 우린 막역지우잖아!

놀이로 정리해요

정답과 해설 109쪽

뜻풀이와 초성을 단서로 어휘를 완성하며 징검다리를 건너 보세요.

어버이의 신체적·정신적 특징이 자손에게 전해짐.
ㅇ ㅈ (遺傳)
어떤 일에 알맞은 사람의 성질이나 적응 능력.
ㅈ ㅅ (適性)
어린아이. 어린이.
ㅇ ㄷ (兒童)
벗을 사귐. 또는 그 벗.
ㄱ ㅇ (交友)
서로 간에 가깝고 사이가 좋음.
ㅊ ㅅ (親善)

《 공부한 날짜　　월　　일 》

06

알 지(知)

'矢(화살 시)'와 '口(입 구)'를 합한 글자로, 아는 것이 많으면 쏜 화살처럼 말을 빨리 한다는 의미에서 '알다'를 뜻합니다.

知

영상으로 필순 보기

정답과 해설 110쪽

[1~4] 어휘의 뜻을 살펴보고, 알맞은 예문을 찾아 선을 연결하세요.

실과

지식 (알 知 / 알 識)

뜻 배우거나 겪어서 알게 된 것.

• 1 코카콜라와 같은 상표는 세계에서 (　　　　)이/가 가장 높다.

사회

지능 (알 知 / 능할 能)

뜻 상황을 이해하고 환경에 대처하는 능력.

• 2 어머니는 (　　　　)에게 선물할 빵과 쿠키를 사 오시며 즐거워하셨다.

사회

인지도 (알 認 / 알 知 / 법도 度)

뜻 어떤 사람이나 물건을 알아보는 정도.

• 3 (　　　　) 재산이란 사람의 지적 활동이나 경험으로 만들어진 재산을 말한다.

지인 (알 知 / 사람 人)

뜻 아는 사람.

저기 내 지인이 지나가네?
반가워!

• 4 과학 기술이 발달하면서 사람들은 인공 (　　　　)을/를 갖춘 자율 주행 자동차를 개발하여 이용하고 있다.

문제로 어휘力 높여요

1 다음 어휘의 뜻을 보고, 밑줄 친 '지(知)' 자의 뜻에 ✓표를 하세요.

- **공<u>지</u>**(公知): 세상에 널리 알림.
- **통<u>지</u>**(通知): 기별을 보내어 알게 함.
- **<u>지</u>각**(知覺): 알아서 깨달음. 또는 그런 능력.

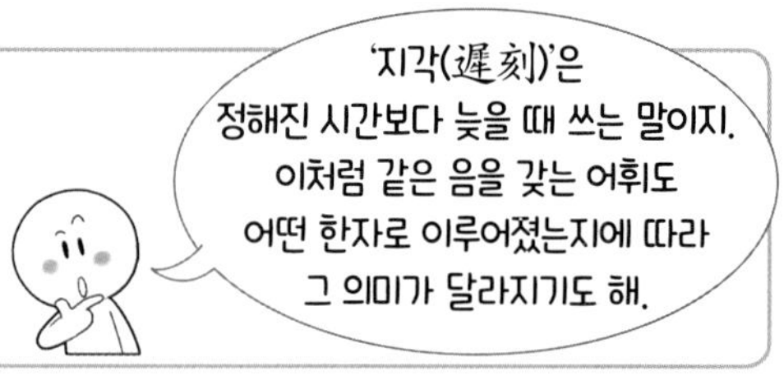
'지각(遲刻)'은
정해진 시간보다 늦을 때 쓰는 말이지.
이처럼 같은 음을 갖는 어휘도
어떤 한자로 이루어졌는지에 따라
그 의미가 달라지기도 해.

☐ 알다 ☐ 겪다 ☐ 깨닫다 ☐ 보내다

2 밑줄 친 부분과 뜻이 비슷한 어휘를 고르세요.

'여섯 다리만 건너면 세상 사람들은 모두 아는 사이이다.'라는 서양 속담이 있다고 해요. 60억 명이 넘는 인류 중에 <u>아는 사람</u>은 얼마나 될까요?

① 고인(古人) ② 성인(成人) ③ 지인(知人)
④ 타인(他人) ⑤ 이방인(異邦人)

3 '지(知)' 자를 넣어, 빈칸에 공통으로 들어갈 어휘를 쓰세요.

- 그 신인 가수는 낮은 [ ] 을/를 끌어올리기 위해 홍보에 힘썼다.
- 재미있고 인상적인 광고 영상이 그 제품의 [ ] 을/를 높여 주었다.

[✎]

4 빈칸에 들어갈 어휘를 보기에서 골라 쓰세요.

보기

지능(알 知, 능할 能) 지식(알 知, 알 識)

1 선생님은 각 분야에 깊은 [ ] 을 지니고 있다.

2 고래는 어린아이와 비슷한 정도로 [ ] 이 높은 동물이다.

글 쓰며 표현力 높여요

정답과 해설 110쪽

‘알 지(知)’가 들어가는 어휘를 넣어서 글을 써 보세요.

내 친구는 수업 시간에 발표하는 것이 두렵대요. 많은 사람들이 지켜보는 앞에서 말을 한다고 생각하면 떨려서 식은땀이 날 정도라고 해요. 친구의 긴장을 풀어 줄 수 있는 조언을 해 보세요.

도움말 지식, 지능, 지인, 지혜 등에 ‘알 지(知)’가 들어가요.

예 긴장을 하면 알고 있는 지식도 제대로 말하기 어려워. 너무 걱정하지 말고 자신감 있게 말해 봐. 수업 시간에 발표를 지켜보는 사람들은 모두 너의 지인이잖아. 마음속으로 너를 응원하고 있으니 힘내!

따라 쓰며 한자力 완성해요

知	知			
알 지	알 지			

오늘의 학습을 평가해 보아요. 부족함 보통임 잘함

《 공부한 날짜 월 일 》

07

볼 견(見)

'目(눈 목)'과 '儿(어진 사람 인)'을 합하여 큰 눈을 가진 사람을 나타낸 글자로, '보다'를 뜻합니다.

영상으로 필순 보기

丨 冂 冃 月 目 見 見

정답과 해설 111쪽

[1~4] 어휘의 뜻을 살펴보고, 빈칸에 알맞은 어휘를 찾아 한글로 쓰세요.

국어
의견
뜻 意 볼 見
뜻 어떤 대상에 대하여 가지는 생각.

도덕
편견
치우칠 偏 볼 見
뜻 공정하지 못하고 한쪽으로 치우친 생각.

과학
발견
필 發 볼 見
뜻 미처 찾아내지 못했거나 아직 알려지지 않은 것을 찾아냄.

사회
견학
볼 見 배울 學
뜻 실제로 가서 보고 배움.

1 같은 사실에 대해서도 사람마다 ______ 이 다를 수 있습니다.

2 공공 기관을 ______ 하며 조사한 내용을 친구들과 이야기합니다.

3 화석을 이용하여 화석이 ______ 된 지역이 과거에 어떤 환경이었는지 추리할 수 있습니다.

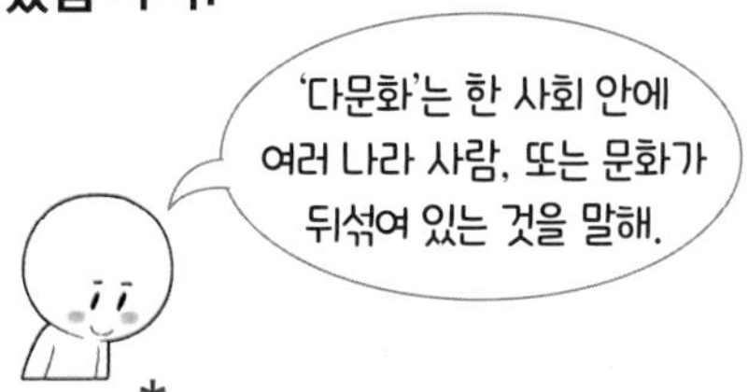
'다문화'는 한 사회 안에 여러 나라 사람, 또는 문화가 뒤섞여 있는 것을 말해.

4 다문화* 어린이 합창단은 서로 다른 문화에 ______ 을 가지지 않고 하나의 화음을 만들었습니다.

문제로 어휘力 높여요

1 빈칸에 '볼 견(見)'이 들어가는 어휘를 쓰세요.

토의는 어떤 문제에 대해 서로 [ ] 을/를 내놓고 의논하는 것을 말해요.

↳ 어떤 대상에 대하여 가지는 생각.

2 빈칸에 공통으로 들어갈 수 있는 글자를 고르세요.

휴일을 맞아 가족들과 함께 식물원으로 [ ] 학을 갔다. 해설사 선생님께서 세계 여러 나라의 나무와 꽃들을 소개해 주셨다. 나도 여행을 다니면서 식물과 관련된 [ ] 문을 넓혔으면 좋겠다는 생각이 들었다.

① 입(들어갈 入) ② 견(볼 見) ③ 전(구를 轉)
④ 유(머무를 留) ⑤ 진(나아갈 進)

3 밑줄 친 부분과 바꾸어 쓸 수 있는 어휘에 ✓표를 하세요.

채린: 너는 키가 크니까 농구도 잘하겠다.
주원: 에이. 그건 <u>한쪽으로 치우친 생각</u>이야. 나는 농구에 소질이 별로 없더라고.

☐ 견해 ☐ 소견 ☐ 참견 ☐ 편견

4 밑줄 친 곳에 '발견(發見)'을 쓸 수 있는 문장의 기호를 쓰세요.

㉠ 에디슨은 세상에 없던 전기를 최초로 ________하였다.
㉡ 오늘은 내가 쓴 글을 친구들 앞에서 ________하는 날이다.
㉢ 경주 지역에서 우리 조상들이 사용하던 물건들이 많이 ________되었다.

[✎]

글 쓰며 표현力 높여요

정답과 해설 111쪽

◎ '볼 견(見)'이 들어가는 어휘를 넣어서 글을 써 보세요.

우리 모둠 구성원과 견학을 가서 수업 시간에 배운 내용을 더 깊이 있게 공부해 보기로 했어요. 어디로 가면 좋을까요? 내가 알고 있는 견학 장소를, 그 까닭과 함께 추천해 보세요.

도움말 의견, 발견, 견학, 견해 등에 '볼 견(見)'이 들어가요.

예 나는 견학 장소로 실학 박물관을 추천하고 싶어. 그곳에 가서 정약용과 관련된 정보를 수집하고 친구들과 함께 의견을 교환하면, 정약용에 대해 더 잘 알게 될 거야.

따라 쓰며 한자力 완성해요

見		見				
볼	견	볼	견			

오늘의 학습을 평가해 보아요. 부족함 보통임 잘함

08 생각 사(思)

'정수리'를 의미하는 '田(밭 전)'과 '心(마음 심)'을 합한 글자로, 머리와 마음으로 깊이 생각한다는 의미에서 '생각'을 뜻합니다.

영상으로 필순 보기

'생각 사(思)'가 들어간 어휘

정답과 해설 112쪽

[1~4] 어휘의 뜻을 살펴보고, 알맞은 예문을 찾아 선을 연결하세요.

사 모
생각 思 그리워할 慕

뜻 애틋하게 생각하고 그리워함.

체육

사 춘 기
생각 思 봄 春 기약할 期

뜻 육체적·정신적으로 성인이 되어 가는 시기.

너는 이 문제에 대해
어떻게 생각하니?

사회

사 고 방 식
생각 思 살필 考 모 方 법 式

뜻 어떤 문제에 대하여 생각하고 판단하는 방법이나 태도.

국어

의 사 소 통
뜻 意 생각 思 소통할 疏 통할 通

뜻 서로의 생각을 주고받는 것.

1 (   )이/가 되면 여러 신체 변화가 일어납니다.

2 영화 속 여자 주인공은 상대방을 (   )하는 연기를 실감나게 펼쳤습니다.

3 (   )을/를 할 때에는 상대의 말을 잘 듣고, 상대가 이해하기 쉽게 말해야 합니다.

4 주변 자연환경이나 그곳 사람들의 (   ) 등에 따라 그 나라의 독특한 문화가 만들어집니다.

문제로 어휘力 높여요

1 **'사(思)' 자를 넣어, 빈칸에 공통으로 들어갈 어휘를 쓰세요.**

[ ]은/는 육체적 · 정신적으로 성인이 되어 가는 시기로, [ ]이/가 되면 여드름이 나기도 합니다.

[✎]

2 **다음 어휘의 뜻으로 알맞은 것을 괄호 안에서 골라 ○표를 하세요.**

사모(思慕)

뜻 애틋하게 (생각 | 공경)하고 (고마워함 | 그리워함).

예문 사모하던 그녀가 죽자 그도 시름시름 앓다가 세상을 떠났다.

3 **밑줄 친 부분과 바꾸어 쓸 수 있는 어휘에 ✓표를 하세요.**

어제 외국인 친구를 만났는데, 외국어가 서툴러 서로의 생각을 주고받기가 어려웠다.

☐ 왕래하기 ☐ 통신하기 ☐ 의사소통하기

4 **밑줄 친 '사고'의 뜻이 나머지와 다른 문장의 기호를 쓰세요.**

㉠ 친구의 사고방식은 저와 완전히 다릅니다.
㉡ 어젯밤에는 큰 교통사고가 일어나서 여러 명이 다쳤습니다.
㉢ 이 프로그램을 통해 학생들의 사고력을 향상할 수 있습니다.
㉣ 사고의 폭이 넓은 선생님께 여러 가지 문제를 상담하였습니다.

[✎]

글 쓰며 **표현力** 높여요

정답과 해설 112쪽

‘생각 사(思)’가 들어가는 어휘를 넣어서 글을 써 보세요.

우리 반에서 ‘초등학생들의 스마트폰 사용 시간 제한’을 주제로 학급 토론회가 열렸어요. 타당한 이유를 들어 나의 의견을 말해 보세요.

-토론 주제-
초등학생 스마트폰 사용 시간 제한
찬성
반대

도움말 사고방식, 의사소통, 사고력 등에 ‘생각 사(思)’가 들어가요.

예 저는 초등학생들의 스마트폰 사용 시간 제한에 반대합니다. 스마트폰으로 친구나 가족과 의사소통을 빠르게 할 수 있고, 정보도 검색할 수 있어요. 스마트폰 사용이 해롭다는 사고방식을 바꿔야 하지 않을까요?

따라 쓰며 **한자力** 완성해요

思	思		
생각 사	생각 사		

오늘의 학습을 평가해 보아요. 부족함 보통임 잘함

《 공부한 날짜 월 일 》

09

바랄 망(望)

사람이 곧게 서서 멀리 바라보는 모습을 표현한 글자로, '바라다', '기대하다'를 뜻합니다.

望
영상으로 필순 보기

'바랄 망(望)'이 들어간 어휘

정답과 해설 113쪽

[1~4] 어휘의 뜻을 살펴보고, 빈칸에 알맞은 어휘를 찾아 한글로 쓰세요.

음악

희망
바랄 希 바랄 望

뜻 ① 어떤 일을 이루거나 하기를 바람.
② 앞으로 잘될 수 있는 가능성.

실과

전망
펼 展 바랄 望

뜻 ① 멀리 내다보이는 경치.
② 내다보이는 장래의 상황.

국어

실망
잃을 失 바랄 望

뜻 바라는 대로 되지 않아 마음이 상함.

유망주
있을 有 바랄 望 그루 株

뜻 어떤 분야에서 장래가 기대되는 사람.

1 드론*은 조난 수색, 응급 구호 물품 수송 등에도 활용될 (   ) 입니다.

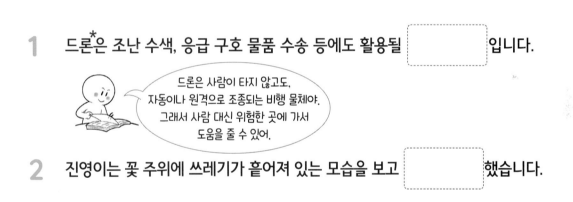

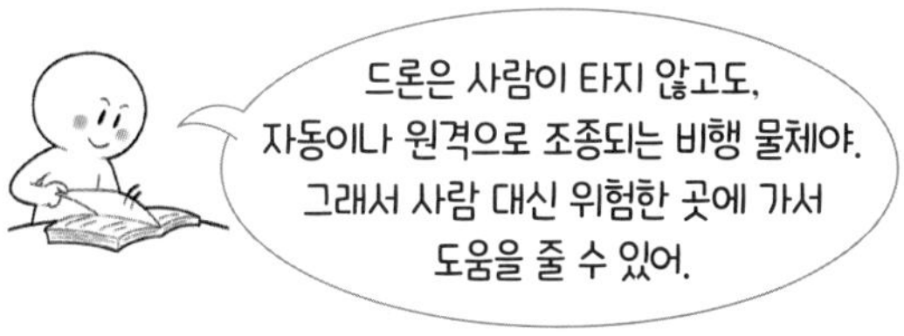
드론은 사람이 타지 않고도,
자동이나 원격으로 조종되는 비행 물체야.
그래서 사람 대신 위험한 곳에 가서
도움을 줄 수 있어.

2 진영이는 꽃 주위에 쓰레기가 흩어져 있는 모습을 보고 (   ) 했습니다.

3 피겨계의 (   ) 였던 김연아 선수가 올림픽에서 금메달을 목에 거는 것을 보고 감동을 받았습니다.

4 어린이 노래는 우리나라가 어려운 시기에 만들어진 노래로, 어린이들에게 꿈과 (   ) 을/를 심어 주는 내용을 담고 있습니다.

문제로 어휘力 높여요

1 밑줄 친 어휘의 알맞은 뜻에 ✓표를 하세요.

선희는 중학생과 치르는 전국 대회 초중등부에서도 여러 차례 우승한 <u>유망주</u>이다.

☐ 어떤 분야에서 장래가 기대되는 사람.
☐ 새로운 분야를 처음으로 열어 나가는 사람.

2 '망(望)' 자를 넣어, 밑줄 친 곳에 공통으로 들어갈 어휘를 쓰세요.

- 기대가 크면 ________도 큰 법이다.
- 혹시 일이 잘 안되더라도 너무 ________하지 마라.
- 동생은 외식 메뉴가 피자가 아니어서 ________하는 눈치였다.

[✎]

3 빈칸에 알맞은 글자를 고르세요.

희망
: 어떤 일을 이루거나 하기를 바람.

↔ 반대의 뜻

☐망
: 바라볼 것이 없게 되어 모든 희망을 끊어 버림.

① 열(더울 熱) ② 가(옳을 可) ③ 절(끊을 絶)
④ 원(원망할 怨) ⑤ 욕(하고자 할 欲)

4 '전망(展望)'이 문장에서 쓰인 뜻을 선으로 이으세요.

1 노인 인구는 더 늘어날 것으로 <u>전망</u>됩니다. •   • ㉠ 멀리 내다보이는 경치.

2 숙소에서 바라보는 바닷가의 <u>전망</u>이 아름다웠습니다. •   • ㉡ 내다보이는 장래의 상황.

글 쓰며 표현力 높여요

정답과 해설 113쪽

◎ '바랄 망(望)'이 들어가는 어휘를 넣어서 글을 써 보세요.

열심히 노력해서 어려운 일을 성공해 낸 경험이 있나요? 자전거 타기에 성공한 일, 시험에서 백 점을 맞은 일 등 무엇이든 좋아요. 자신의 경험과 이를 통해 느낀 점을 친구들에게 이야기해 보세요.

도움말 희망, 전망, 실망, 소망, 원망 등에 '바랄 망(望)'이 들어가요.

예 내 소망은 인라인스케이트를 타는 것이었어. 처음에는 자꾸만 넘어져서 스스로에게 실망하는 마음도 들었어. 하지만 열심히 연습한 결과, 지금은 넓은 공원을 신나게 누빌 수 있게 되었지. 이 경험으로 무엇이든 해낼 수 있다는 자신감과 희망이 생겼어!

따라 쓰며 한자力 완성해요

望		望					
바랄	망	바랄	망				

오늘의 학습을 평가해 보아요. 부족함 보통임 잘함

10

뜻 정(情)

'心(마음 심)'과 순수한 파란색을 뜻하는 '青(푸를 청)'을 합한 글자로, '뜻', '사랑', '인정' 등 사람의 순수한 마음을 뜻합니다.

情

영상으로 필순 보기

정답과 해설 114쪽

[1~4] 어휘의 뜻을 살펴보고, 알맞은 예문을 찾아 선을 연결하세요.

국어
감정
느낄 感 뜻 情

뜻 어떤 현상이나 일에 대하여 일어나는 마음이나 느끼는 기분.

미술
열정
더울 熱 뜻 情

뜻 어떤 일에 열렬한 애정을 가지고 열중하는 마음.

도덕
온정
따뜻할 溫 뜻 情

뜻 따뜻한 사랑이나 인정.

도덕
동정
같을 同 뜻 情

뜻 남의 어려운 처지를 자기 일처럼 딱하고 가엾게 여김.

1 나눔과 봉사의 마음이 널리 퍼진다면 ☐이 넘치는 사회가 될 것입니다.

2 상황에 알맞은 표정과 몸짓으로 자신의 생각과 ☐을 잘 표현할 수 있어요.

3 장기려 박사는 환자를 대할 때 가엾게 여기며 ☐하는 마음을 가져야 한다고 하였습니다.

4 젊을 땐 ☐적으로 그림을 그렸지만, 나이가 들수록 그림을 그리기가 어려워졌어요.

문제로 어휘力 높여요

1 **빈칸에 공통으로 들어갈 어휘를 쓰세요.**

- 불쌍한 사람을 보았을 때 [ㄷㅈ]하는 마음이 생기는 것은 당연합니다.
- 민준이는 다친 새끼 고양이를 보고, [ㄷㅈ]심이 생겨 동물 병원에 데려갔습니다.

[ ]

2 **밑줄 친 어휘와 바꾸어 쓸 수 없는 어휘를 고르세요.**

은호는 잃어버렸던 강아지를 찾고 벅차오르는 <u>감정(感情)</u>을 누를 수가 없어 눈물을 흘렸다.

① 마음　② 심정　③ 기분　④ 느낌　⑤ 정신

3 **빈칸에 들어갈 어휘를 보기에서 골라 쓰세요.**

보기
열정(더울 熱, 뜻 情)　표정(겉 表, 뜻 情)

준호: **1** [　　] 이 좋아 보여. 무슨 좋은 일 있어?

세희: 아, 이번 주에 가족들과 뮤지컬을 보러 가기로 했거든. **2** [　　] 이 담긴 배우들의 연기를 직접 볼 수 있다니, 생각만 해도 즐거워.

4 **빈칸에 '뜻 정(情)'이 들어가는 어휘를 쓰세요.**

현재 많은 양의 비가 내려 지역 주민들의 피해가 큽니다.
수재민을 위해 전 국민의 [　　] 의 손길이 필요합니다.
↳ 따뜻한 사랑이나 인정.

글 쓰며 표현力 높여요

정답과 해설 114쪽

‘뜻 정(情)’이 들어가는 어휘를 넣어서 글을 써 보세요.

마음은 표현하지 않으면 아무도 알 수 없지요. 여러분은 가족에게 ‘정(情)’을 표현한 경험이 있나요? 가족 중 누구에게, 어떤 상황에서, 어떻게 마음을 표현하였는지 떠올려 보세요.

도움말 감정, 애정, 표정, 심정, 다정 등에 ‘뜻 정(情)’이 들어가요.

예 저는 동생이 넘어져서 울 것 같은 표정이 되었을 때, 다정한 말로 동생을 위로해 주었어요. 그리고 애정을 듬뿍 담아 다친 부위에 연고를 발라 주었어요.

따라 쓰며 한자力 완성해요

情	情			
뜻 정	뜻 정			

오늘의 학습을 평가해 보아요. 부족함 보통임 잘함

06~10 독해로 마무리해요

정답과 해설 115쪽

1~2 다음 글을 읽고, 물음에 답하세요.

여러분은 로봇 기술자에 대해 알고 있나요? 로봇 기술자는 인공지능 로봇을 연구하고 개발하는 사람으로, 유망한 미래 직업이에요. 지금도 과학 엑스포 등에 견학(見學)을 가면 다양한 로봇을 만나 볼 수 있어요. 아직은 사람의 동작을 따라하는 정도지만, 앞으로는 지능(知能)과 감정(感情)을 가지고 인간과 의사소통(意思疏通)하는 로봇들이 등장할 것이라고 해요. 미래에는 모든 가정에서 한 대 이상의 로봇을 사용할 거예요. 이에 많은 학자들은 우리의 생활이 더욱 편해질 것으로 전망(展望)하고 있어요.

로봇 기술자가 되기 위해서는 기계 공학, 제어 계측과 관련한 지식(知識)이 있어야 해요. 또한 호기심과 상상력이 풍부하여 세상을 편견(偏見) 없이 바라보아야 하며, 새로운 기술을 탐구하는 열정(熱情)이 있어야 합니다.

1 이 글이 무엇을 설명하고 있는지, 빈칸에 들어갈 말을 쓰세요.

{ 로봇 ☐☐☐ 라는 직업 }

2 이 글에 제시되지 <u>않은</u> 내용을 고르세요.

① 앞으로 등장할 로봇의 특징
② 로봇 기술자가 하는 일
③ 미래 사회에서의 로봇의 전망
④ 로봇 기술자에게 필요한 능력
⑤ 로봇이 개발하는 새로운 로봇의 모습

생활 속 성어

역지사지

역 바꿀 易 / 지 땅 地 / 사 생각 思 / 지 갈 之

상대방의 처지나 입장을 나의 처지로 바꾸어 생각해 본다는 뜻입니다. 처지가 바뀌면 모두 같게 행동했을 것이라는 의미가 담긴 말로, 나와 다른 상대방의 행동을 이해해 보려고 할 때 쓰입니다.

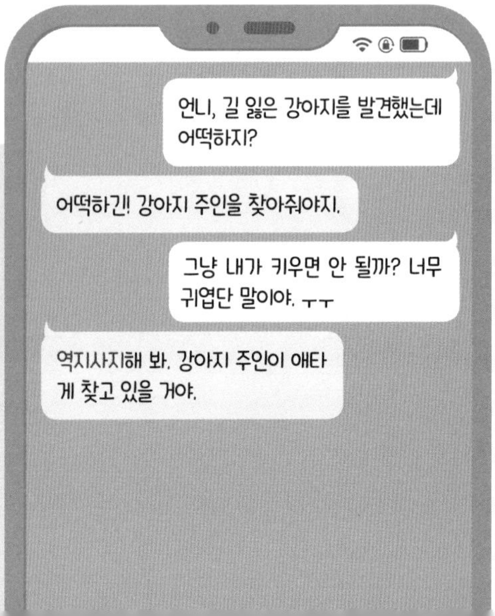
언니, 길 잃은 강아지를 발견했는데 어떡하지?
어떡하긴! 강아지 주인을 찾아줘야지.
그냥 내가 키우면 안 될까? 너무 귀엽단 말이야. ㅜㅜ
역지사지해 봐. 강아지 주인이 애타게 찾고 있을 거야.

놀이로 정리해요

정답과 해설 115쪽

◎ 제시된 설명을 참고하여 한자 어휘 지도를 완성해 보세요.

비 : 뜻이 비슷한 어휘 반 : 뜻이 반대되는 어휘

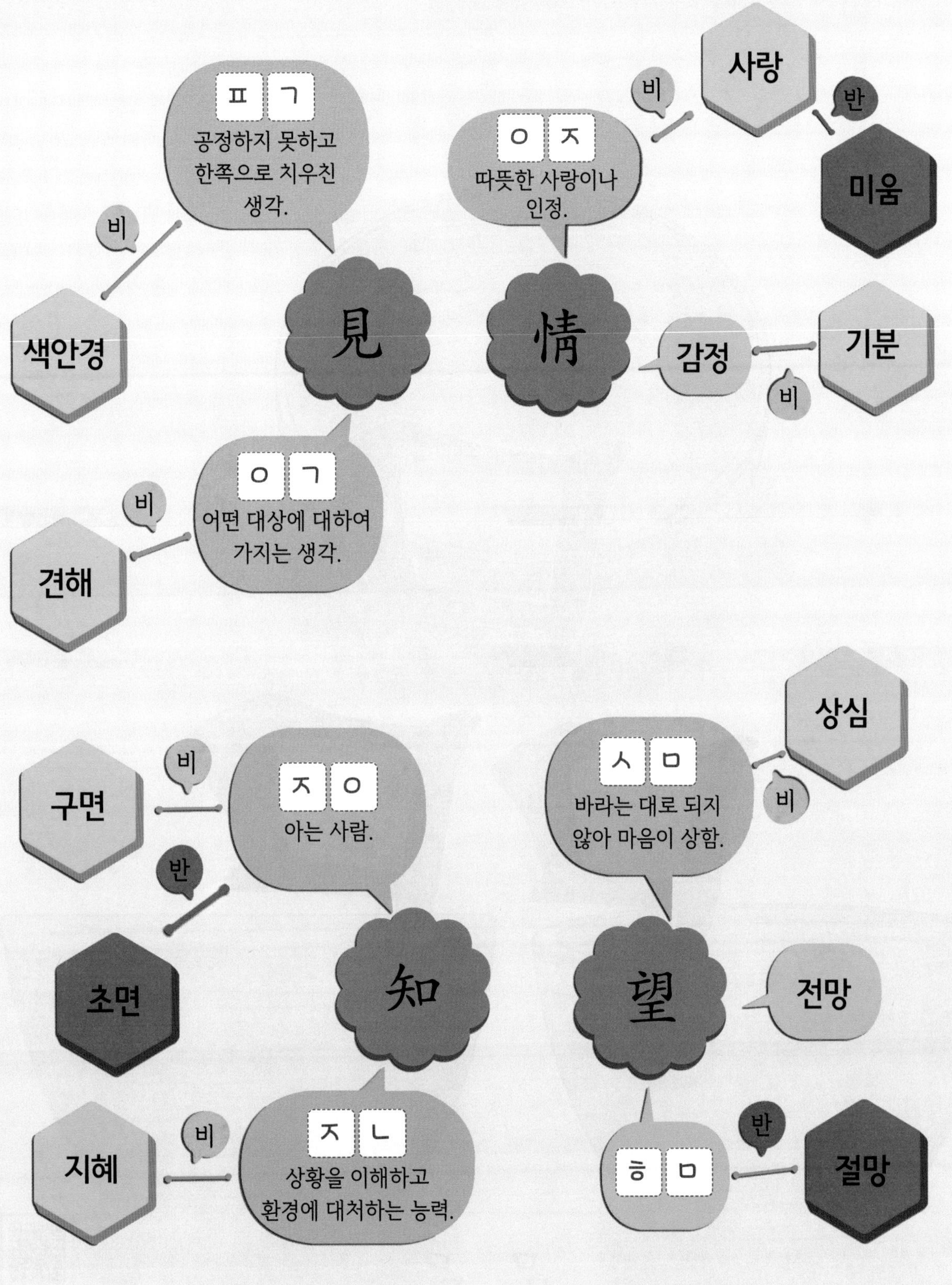

ㅍ ㄱ
공정하지 못하고 한쪽으로 치우친 생각.
비
색안경
見
ㅇ ㄱ
어떤 대상에 대하여 가지는 생각.
비
견해
ㅇ ㅈ
따뜻한 사랑이나 인정.
비
사랑
반
미움
情
감정
비
기분
ㅈ ㅇ
아는 사람.
비
구면
반
초면
知
ㅈ ㄴ
상황을 이해하고 환경에 대처하는 능력.
비
지혜
ㅅ ㅁ
바라는 대로 되지 않아 마음이 상함.
비
상심
望
전망
ㅎ ㅁ
반
절망

11 물건 품(品)

여러 개의 그릇이 놓여 있는 모습을 표현한 글자로, '물건'을 뜻합니다. 아울러 물건의 '등급'이나 '품격'이라는 뜻으로도 쓰입니다.

品
영상으로 필순 보기

정답과 해설 116쪽

[1~4] 어휘의 뜻을 살펴보고, 알맞은 예문을 찾아 선을 연결하세요.

국어
제품
지을 製 물건 品

뜻 팔기 위하여 기술과 재료를 써서 만들어 낸 물품.

1 불량 [ ] 을 먹으면 건강을 해칠 수 있다.

국어
식품
먹을 食 물건 品

뜻 사람이 일상적으로 섭취하는 음식물을 통틀어 이르는 말.

2 조명 기구는 전기가 적게 드는 [ ] 을 사용한다.

사회
품질
물건 品 바탕 質

뜻 물건의 성질과 바탕.

3 시장에서는 물건의 [ ] 을 직접 확인하고 살 수 있다.

도덕
학용품
배울 學 쓸 用 물건 品

뜻 학습에 필요한 물품.

4 우리 선생님은 [ ] 이 없는 학생들에게 공책, 연필 등을 사 주셨다.

문제로 어휘 力 높여요

1

밑줄 친 '품' 자의 공통된 뜻을 고르세요.

- **상품**: 사고파는 물품.
- **골동품**: 오래되었거나 희귀한 옛 물품.
- **재활용품**: 용도를 바꾸거나 가공하여 다시 사용할 수 있는 폐품.

① 사람 ② 음식 ③ 물건 ④ 가게 ⑤ 자연

2

빈칸에 들어갈 어휘를 보기에서 골라 쓰세요.

보기

제품(製品) 품질(品質)

각종 정보를 활용해 1 [ ]이 좋은 2 [ ]을 싼 값에 샀다.

3

다음 어휘를 모두 포함할 수 있는 어휘에 ✓표를 하세요.

1

고기
채소
과일

→ □ 식품 □ 약품 □ 학용품

2

공책
연필
지우개

→ □ 식품 □ 약품 □ 학용품

4

밑줄 친 어휘의 뜻으로 알맞은 것에 ○표를 하세요.

이번에 새로 나온 빵이 날개 돋친 듯이 나가서 벌써 품절되었다.

물건이 다 팔리고 없음. 사들인 물건을 되돌려 보냄.

글 쓰며 표현力 높여요

정답과 해설 116쪽

'물건 품(品)'이 들어가는 어휘를 넣어서 글을 써 보세요.

부모님과 함께 지나가다가 그토록 갖고 싶어 했던 운동화를 발견했어요! 그런데 어쩌죠? 운동화를 사기엔 용돈이 조금 부족해요. 아무래도 부모님의 도움이 필요할 것 같은데, 어떤 말을 해야 부모님을 설득해 운동화를 살 수 있을까요?

도움말 상품, 제품, 품질, 품절, 인품 등에 '물건 품(品)'이 들어가요.

예 엄마, 저 운동화, 얼마 전까지 품절되어서 구하기 힘들었던 상품이에요. 품질이 뛰어난 것에 비해 가격도 싸요. 아름다운 인품을 지닌 우리 엄마, 제 용돈에 조금만 더 보태서 저 운동화를 사 주시면 안 될까요? 네?

따라 쓰며 한자力 완성해요

品	品			
물건 품	물건 품			

오늘의 학습을 평가해 보아요. 부족함 보통임 잘함

《 공부한 날짜 월 일 》

12 장사 상(商)

선반 위에 항아리를 올려놓고 물건을 팔기 위해 외치는 소리를 표현한 글자로, 물건을 파는 행위인 '장사'를 뜻합니다.

商
영상으로 필순 보기
丶 亠 亠 亠 产 产 产 产 啇 商 商

'장사 상(商)'이 들어간 어휘

정답과 해설 117쪽

[1~4] 어휘의 뜻을 살펴보고, 빈칸에 알맞은 어휘를 찾아 한글로 쓰세요.

국어 **상품** 장사 商 / 물건 品 뜻 사고파는 물품.	사회 **상점** 장사 商 / 가게 店 뜻 일정한 시설을 갖추고 물건을 파는 곳.
사회 **협상** 화합할 協 / 장사 商 뜻 어떤 목적을 위해 여럿이 서로 의논함.	국어 **행상** 다닐 行 / 장사 商 뜻 이리저리 돌아다니며 물건을 파는 일.

1 도시에는 백화점, 대형 할인점 등 큰 (   )이 많습니다.

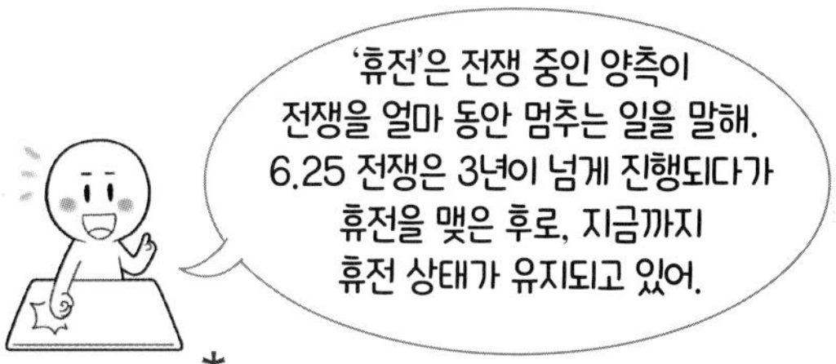
'휴전'은 전쟁 중인 양측이
전쟁을 얼마 동안 멈추는 일을 말해.
6.25 전쟁은 3년이 넘게 진행되다가
휴전을 맺은 후로, 지금까지
휴전 상태가 유지되고 있어.

2 긴 (   ) 끝에 마침내 1953년 7월에 휴전*이 결정되었습니다.

3 물건을 돈으로 사용하는 것을 '물품 화폐' 또는 '(   ) 화폐'라고 합니다.

4 낡은 벙거지, 지게, 커다란 광주리 등으로 보아 김홍도의 그림 속 부부는 (   ) 하는 사람들로 보입니다.

문제로 어휘 力 높여요

1 밑줄 친 어휘의 알맞은 뜻을 괄호 안에서 골라 ○표를 하세요.

발길 닿는 대로 행상을 다닌 덕에 보고 들은 것이 많다.

뜻 이리저리 (흔들거리며 | 돌아다니며) 물건을 (파는 | 사는) 일.

2 밑줄 친 어휘와 뜻이 가장 비슷한 어휘에 ✓표를 하세요.

1 날이 어두워지자 상점에 하나둘 불이 켜졌다.

☐ 거리　☐ 가게　☐ 놀이터　☐ 운동장

2 행사장 진열대에는 다양한 상품들이 전시되어 있었다.

☐ 물감　☐ 물질　☐ 물건　☐ 물체

3 빈칸에 '협상(協商)'을 쓸 수 없는 문장의 기호를 쓰세요.

㉠ 이 문제를 원만하게 해결하기 위해 ☐ 을 벌였다.

㉡ 줄다리기는 ☐ 정신을 기르는 데 좋은 경기이다.

㉢ ☐ 을 할 때에는 모두가 만족할 수 있는 대안을 이끌어 내야 한다.

[✎]

4 밑줄 친 어휘의 뜻을 선으로 이으세요.

1 우리 동네에 전자 제품 상가가 들어섰다. •　　• ㉠ 장사를 직업으로 하는 사람.

2 시장에는 옷이나 가방을 파는 상인이 많이 있다. •　　• ㉡ 상점들이 죽 늘어서 있는 거리.

글 쓰며 표현力 높여요

정답과 해설 117쪽

◎ '장사 상(商)'이 들어가는 어휘를 넣어서 글을 써 보세요.

친구들과 이번 주말에 시장에 갈지, 백화점에 갈지 고민하고 있어요. 둘씩 의견이 나뉜 상황에서 한 친구가 나에게 "너는 어디에 가고 싶어?"라고 묻습니다. 친구의 물음에 답해 볼까요?

도움말 상품, 상점, 협상, 상인 등에 '장사 상(商)'이 들어가요.

예 나는 시끌벅적한 시장 분위기가 좋아. 물건값으로 흥정하는 상인과 손님들의 목소리가 활기찬 느낌을 주고, 흥정에 성공하면 좋은 상품을 저렴한 가격에 살 수도 있어. 그래서 나는 백화점보다 시장에 가는 게 더 즐겁고 재미있어.

따라 쓰며 한자力 완성해요

商		商					
장사	상	장사	상				

오늘의 학습을 평가해 보아요. 부족함 보통임 잘함

13 낳을 산(產)

집[厂]에서 아이[文]를 낳았음[生]을 표현한 글자로, '낳다'를 뜻합니다.

產

영상으로 필순 보기

丶 亠 ナ 文 产 产 产 产 产 產 產

정답과 해설 118쪽

[1~4] 어휘의 뜻을 살펴보고, 알맞은 예문을 찾아 선을 연결하세요.

사회

출산

날 出 / 낳을 產

뜻 아이를 낳음.

사회

생산

날 生 / 낳을 產

뜻 물건을 만들어 냄.

'재화'는 값이 되는 물건,
'자산'은 경제적 가치가 있는
재산을 의미해.

국어

재산

재물 財 / 낳을 產

뜻 재화*와 자산*을 통틀어 이르는 말.

국어

농산물

농사 農 / 낳을 產 / 물건 物

뜻 농업을 통해 만들어진 물건.

1 우리 주변의 상품들은 다양한 지역에서 (   ) 되었다.

2 최근 태어나는 아이의 수가 점점 줄어드는 저 (   ) 현상이 나타난다.

3 그간 애써 재배한 (   ) 이 모두 태풍으로 심한 피해를 입었다.

4 유목민은 가축이 (   ) 이었기 때문에 동물을 돈으로 사용했다.

문제로 어휘力 높여요

1 밑줄 친 글자가 다음 한자로 쓰이지 않은 것에 ✓표를 하세요.

産 낳을 산

☐ 농산물 ☐ 계산기 ☐ 산부인과

2 '산(産)' 자를 넣어, 빈칸에 들어갈 어휘를 쓰세요.

농사를 짓기 전까지 인류는 뭔가를 만들어 내는 [   ] 활동을 하지 않았다.

3 밑줄 친 곳에 공통으로 들어갈 어휘에 ○표를 하세요.

- 각 지역에는 옛날부터 전해 내려오는 다양한 문화_________이 있다.
- 소년은 얼굴도 모르는 할아버지로부터 막대한 _________을 물려받았다.

건축 | 유산 | 성품 | 교육

4 빈칸에 알맞은 글자를 쓰세요.

1 책은 인류 문화의 [ ][산]입니다.
재화와 자산을 통틀어 이르는 말.

2 엄마가 쌍둥이 동생들을 [ ][산]했습니다.
아이를 낳음.

글 쓰며 표현力 높여요

정답과 해설 118쪽

'낳을 산(産)'이 들어가는 어휘를 넣어서 글을 써 보세요.

요즘 인터넷을 이용해 사실이 아닌 내용을 사실인 것처럼 이야기하는 사람들을 종종 볼 수 있어요. 김치가 중국 음식이라며 터무니없는 내용으로 영상을 올린 사람도 있답니다. 이 영상에 댓글을 달아 올바른 정보를 알려줄까요?

도움말 생산, 재산, 농산물, 유산 등에 '낳을 산(産)'이 들어가요.

예 김치는 조상 대대로 만들어 먹은 우리나라의 대표적인 절임 식품입니다. 우리 농산물로 만든 김치의 아삭하고 시원한 맛은 누구도 따라잡을 수 없어요. 선조들의 지혜가 담긴 유산이자 우리나라 고유의 재산인 김치를 왜곡하여 알리지 말아 주세요!

따라 쓰며 한자力 완성해요

産	産		
낳을 산	낳을 산		

오늘의 학습을 평가해 보아요. 부족함 보통임 잘함

《 공부한 날짜　　월　　일 》

14 값 가(價)

사람[亻]이 물건[貝]을 펼쳐 놓고[襾] 파는 것을 표현한 글자로, 장사할 때 물건의 '값'을 뜻합니다.

₩299
Materials: Wool
MADE IN KOREA
213891073
Grey 9371
₩10,000
20% off
₩80,000
SJWEJ-WQDNKE-QQWEQ
Color : BLUE
Size in CM : 50
價

영상으로 필순 보기

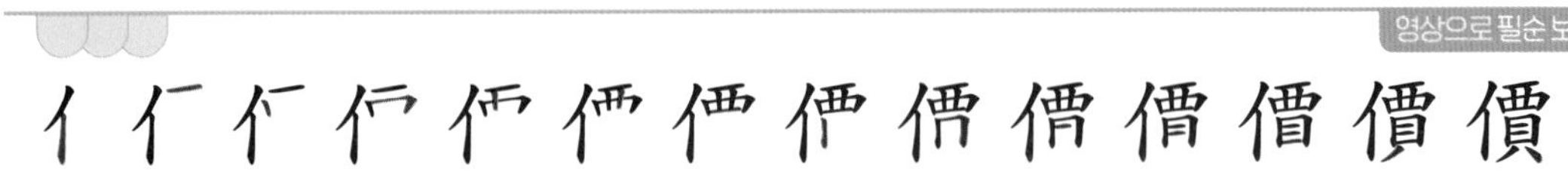

'값 가(價)'가 들어간 어휘

정답과 해설 119쪽

[1~4] 어휘의 뜻을 살펴보고, 알맞은 예문을 찾아 선을 연결하세요.

사회

가격

값 價 격식 格

뜻 물건의 값을 돈으로 나타낸 것.

1 김만덕은 나눔을 [ ] 있게 생각했어.

국어

가치

값 價 값 値

뜻 사물이 지니고 있는 쓸모.

2 우리 동네 가게에서는 아이스크림을 [ ] 보다 싸게 판다.

정가

정할 定 값 價

뜻 상품의 일정한 값.

3 같은 물건도 파는 장소와 방법에 따라 부르는 [ ] 이/가 달라진다.

물가

물건 物 값 價

뜻 여러 물건을 종합해 평균을 낸 값.

4 부모님은 돈 쓸 데는 많아지는데 [ ] 은/는 자꾸 오른다며 한숨을 쉬셨다.

문제로 어휘力 높여요

1 밑줄 친 어휘와 같은 의미의 한자에 ✓표를 하세요.

여러 물건의 <u>값</u>을 꼼꼼하게 비교해 보고 물품을 샀다.

☐ 品 ☐ 價 ☐ 商 ☐ 産

2 '가(價)' 자를 넣어, 빈칸에 공통으로 들어갈 어휘를 쓰세요.

- 고려자기는 예술적으로 [ ] 이/가 높은 문화재이다.
- 생명의 [ ] 은/는 돈으로 매겨질 수 있는 것이 아니다.

[✎]

3 다음 문장에 알맞은 어휘를 괄호 안에서 골라 ○표를 하세요.

1 요즘은 (물가 | 정가)가 너무 올라서 생활비가 많이 나간다.

2 지금 행복 백화점에서는 생필품을 (물가 | 정가)의 반값으로 파는 행사를 한다.

4 밑줄 친 글자의 뜻이 나머지와 <u>다른</u> 문장의 기호를 쓰세요.

㉠ 새 옷을 저렴한 <u>가</u>격으로 샀다.
㉡ 그 시계는 특<u>가</u>로 나온 상품이라 금방 매진되었다.
㉢ 집 근처에 반찬거리를 파는 상<u>가</u> 하나가 새로 문을 열었다.
㉣ 아무리 좋은 책이라도 자신이 직접 읽어 봐야 그 진<u>가</u>를 알 수 있다.

[✎]

글 쓰며 표현力 높여요

정답과 해설 119쪽

○ '값 가(價)'가 들어가는 어휘를 넣어서 글을 써 보세요.

우리 반에서 학급 바자회를 준비했어요. 그런데 이 사실을 아는 친구들이 별로 없는 것 같아요. 내가 직접 다른 반에 찾아가 바자회를 알려야겠어요. 우리 반의 학급 바자회가 성공할 수 있게 홍보해 볼까요?

학급
바자회

도움말 가격, 가치, 정가, 특가 등에 '값 가(價)'가 들어가요.

예 안녕하세요. 저는 4학년 2반 정고운입니다. 이번 주 목요일에 우리 반에서 바자회를 엽니다. 반 친구들의 가치 있는 물건을 특가로 만날 수 있는 좋은 기회입니다. 정가의 반의 반도 안 되는 가격으로 필요한 물건을 마련해 보세요!

따라 쓰며 한자力 완성해요

價		價			
값	가	값	가		

오늘의 학습을 평가해 보아요. 부족함 보통임 잘함

《 공부한 날짜 월 일 》

15 팔 매(賣)

'買(살 매)'와 '나가다'라는 뜻의 '出(날 출)'을 합한 글자로, 물건을 팔려고 내놓다는 의미에서 '팔다'를 뜻합니다.

賣

영상으로 필순 보기

'팔 매(賣)'가 들어간 어휘

정답과 해설 120쪽

[1~4] 어휘의 뜻을 살펴보고, 빈칸에 알맞은 어휘를 찾아 한글로 쓰세요.

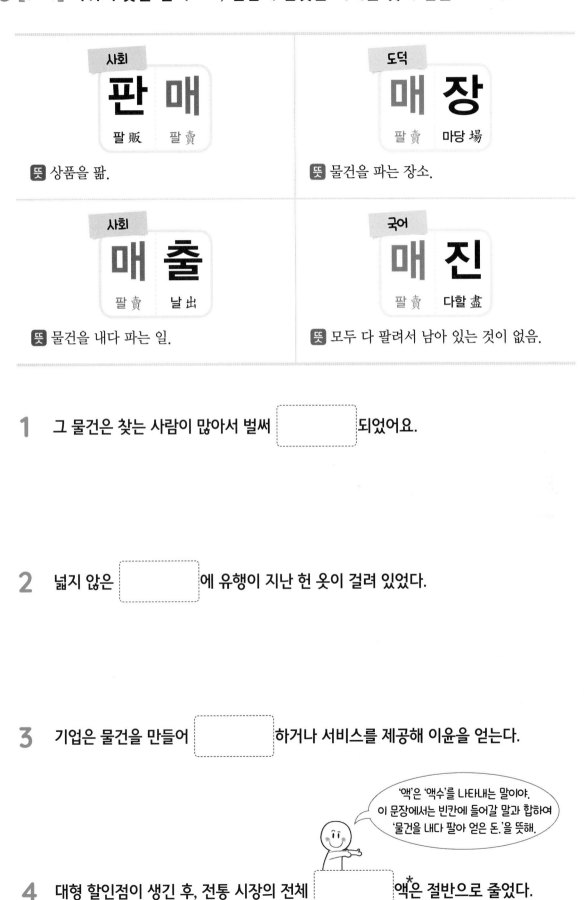

사회
판매
팔 販 / 팔 賣
뜻 상품을 팖.

도덕
매장
팔 賣 / 마당 場
뜻 물건을 파는 장소.

사회
매출
팔 賣 / 날 出
뜻 물건을 내다 파는 일.

국어
매진
팔 賣 / 다할 盡
뜻 모두 다 팔려서 남아 있는 것이 없음.

1 그 물건은 찾는 사람이 많아서 벌써 [ ] 되었어요.

2 넓지 않은 [ ] 에 유행이 지난 헌 옷이 걸려 있었다.

3 기업은 물건을 만들어 [ ] 하거나 서비스를 제공해 이윤을 얻는다.

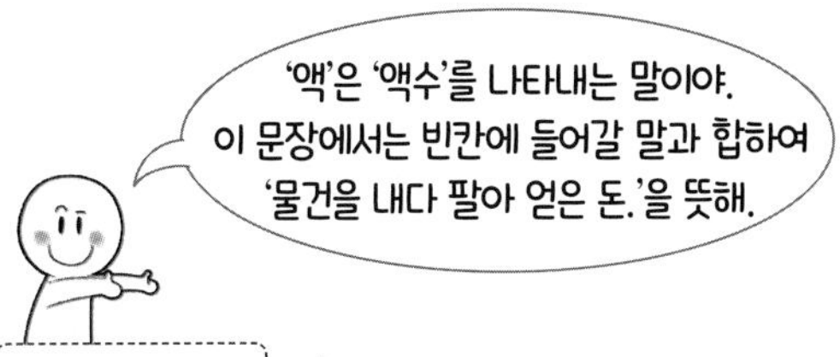
'액'은 '액수'를 나타내는 말이야.
이 문장에서는 빈칸에 들어갈 말과 합하여
'물건을 내다 팔아 얻은 돈.'을 뜻해.

4 대형 할인점이 생긴 후, 전통 시장의 전체 [ ] 액*은 절반으로 줄었다.

문제로 어휘 力 높여요

1 빈칸에 들어갈 글자를 고르세요.

[   ] + 매(살 買): 물건을 팔고 사는 일.

예문 중고품을 [   ] [매] 하는 벼룩시장이 많이 있다.

① 매(팔 賣) ② 가(값 價) ③ 구(살 購) ④ 품(물건 品) ⑤ 도(도읍 都)

2 빈칸에 들어갈 어휘를 보기에서 골라 쓰세요.

보기

판매(販賣) 매장(賣場)

사거리에 있는 잡화 1 [   ] 은/는 독특한 2 [   ] 방식으로 큰 인기를 끌었다.

3 밑줄 친 곳에 '매진(賣盡)'을 쓸 수 없는 문장의 기호를 쓰세요.

㉠ 인기가 많은 야구 경기는 입장권이 일찌감치 ________ 된다.

㉡ 어린이는 수영장 이용 시 요금이 ________ 되어 돈을 적게 낸다.

㉢ 우리가 영화관에 도착했을 때에는 이미 표가 ________ 된 뒤였다.

[✎]

4 빈칸에 들어갈 어휘를 보기에서 골라 쓰세요.

보기

매출(팔 賣 + 날 出) 예매(미리 豫 + 팔 賣)

1 추석 귀향길 열차표는 일주일 전부터 [   ] 을/를 시작한다.

2 이 가게는 획기적인 상품을 내놓아 [   ] 의 양이 크게 늘었다.

글 쓰며 표현力 높여요

정답과 해설 120쪽

‘팔 매(賣)’가 들어가는 어휘를 넣어서 글을 써 보세요.

맛있겠다!

오늘은 빵집을 운영하시는 부모님을 도와 일일 판매원이 되는 날입니다. 그런데 오늘따라 손님이 없어서 애써 만든 빵이 남을 것 같아요. 빵을 모두 팔 수 있는 좋은 방법을 제안해 볼까요?

도움말 판매, 매장, 매출, 매진, 경매 등에 ‘팔 매(賣)’가 들어가요.

예 빵을 좋아하는 친구들을 초대해서 빵 경매 행사를 여는 것은 어떨까요? 매점에서 판매하는 빵보다 우리 매장의 빵이 더 맛있어서 친구들이 많이 참여할 거예요. 가격도 정가보다 낮게 시작하면, 매진까지 문제없을 것 같습니다!

따라 쓰며 한자力 완성해요

賣	賣		
팔 매	팔 매		

오늘의 학습을 평가해 보아요. 부족함 보통임 잘함

11~15 독해로 마무리해요

정답과 해설 121쪽

1~2 다음 글을 읽고, 물음에 답하세요.

우리 주변에서는 다양한 생산(生產) 활동과 소비 활동이 이루어지고 있습니다. 생산 활동이란 물건을 만들거나 서비스를 제공하는 활동을 말합니다. 기업에서 제품(製品)을 만드는 활동이나 매장(賣場)에서 상품(商品)을 파는 활동, 병원에서 환자의 진료를 보는 활동 등이 포함됩니다. 그리고 소비 활동이란 생산한 것을 사는 활동을 말합니다. 식품(食品)을 사 먹는 활동, 영화표를 구입하여 영화를 보는 활동, 놀이공원을 이용하는 활동 등이 여기에 해당합니다. 그리고 이런 모든 활동을 통틀어 경제 활동이라고 합니다. 이 활동이 원활하게 이루어지려면 좋은 품질(品質)의 상품을 정당한 가격으로 판매(販賣)하는 양심적인 생산자의 역할과, 물건의 가치(價值)를 올바로 판단하여 구매하는 합리적인 소비자의 역할이 중요합니다.

1 이 글의 중심 화제를 파악하여, 빈칸에 들어갈 어휘를 쓰세요.

{ [ ] 활동과 소비 활동의 개념과 생산자와 소비자의 [ ] }

2 이 글의 내용과 일치하면 ○표를, 그렇지 않으면 ×표를 하세요.

1 가게에서 우유를 사 먹는 것은 소비 활동에 해당한다. ············ [ ]

2 생산하고 소비하는 모든 활동을 통틀어 경제 활동이라고 한다. ············ [ ]

3 합리적인 소비자는 가치가 있는 물건보다 가격이 비싼 물건을 산다. ············ [ ]

생활 속 성어

문 전 성 시

문 門 앞 前 이룰 成 시장 市

간신의 모함으로 임금에게 불려간 '정숭'이 임금에게 '자신의 집 앞은 시장처럼 사람들로 북적이나, 자신의 마음은 물처럼 깨끗하다.'라고 말한 데서 유래합니다. 찾아오는 사람이 많음을 빗대어 이를 때 주로 쓰입니다.

너희 빵집에 무슨 일 있어? 지나가는데 사람들이 줄 서 있네.
아, 할인 행사 중이거든. ^^
그래서 문전성시구나. 나도 빵 사러 가야겠다!
최고의 고객으로 모실게요! ㅎㅎ

놀이로 정리해요

정답과 해설 121쪽

◎ 뜻풀이에 해당하는 어휘를 골라 퍼즐을 맞춰 보세요.

물건의 성질과 바탕.
모두 다 팔려서 남아 있는 것이 없음.
사물이 지니고 있는 쓸모.
물건을 만들어 냄.
이리저리 돌아다니며 물건을 파는 일.

가치 (價値)
품질 (品質)
판매 (販賣)
상점 (商店)
행상 (行商)
생산 (生産)
매진 (賣盡)
물가 (物價)

《 공부한 날짜　　월　　일 》

16 홀로 독(獨)

'犬(개 견)'과 '蜀(애벌레 촉)'이 합한 글자로, 서로 싸우지 않도록 한 마리씩 떼어 놓는다는 데서 '혼자', '홀로'를 뜻합니다.

獨
영상으로 필순 보기

'홀로 독(獨)'이 들어간 어휘

정답과 해설 122쪽

[1~4] 어휘의 뜻을 살펴보고, 알맞은 예문을 찾아 선을 연결하세요.

사회

단 독

홑 單 홀로 獨

뜻 ① 단 한 사람. ② 단 하나.

1 (　　　) 이/가 우리 땅이라는 것이 자랑스러웠다.

국어

독 도

홀로 獨 섬 島

뜻 경상북도 울릉군에 속하는 화산섬.

2 (　　　) 주택 형태의 집들이 서로 멀리 떨어져 있다.

국어

독 점

홀로 獨 차지할 占

뜻 혼자서 모두 차지함.

3 미래 사회에는 적은 수의 사람이 로봇으로 소득을 (　　　) 할 수 있다.

체육

독 창 적

홀로 獨 비롯할 創 과녁 的

뜻 남의 것을 흉내 내지 않고 혼자 새롭고 독특한 것을 창조하는 것.

4 주제를 표현할 때 자신의 느낌과 생각에 따라 (　　　) (으)로 표현할 수 있어요.

문제로 어휘力 높여요

1 빈칸에 들어갈 글자와 한자를 고르세요.

단체(團體)
: 여러 사람이 모여서 이루어진 집단.

↔ 반대의 뜻

단[ ](單[ ])
: 단 한 사람.

① 결, 結(맺을 결)　② 군, 群(무리 군)　③ 독, 獨(홀로 독)
④ 속, 束(묶을 속)　⑤ 순, 純(순수할 순)

2 '독(獨)' 자를 넣어, 빈칸에 공통으로 들어갈 어휘를 쓰세요.

• 막내는 할머니의 사랑을 [ ][ ]하고 있다.
• 놀부는 재산을 [ ][ ]하기 위해 흥부 가족을 내쫓았다.

[✎]

3 밑줄 친 부분과 바꾸어 쓸 수 있는 어휘에 ○표를 하세요.

초대장

○○ 방송에서 준비한 멋진 공연에 여러분을 초대합니다.
<u>그동안 볼 수 없었던 새로운</u> 무대를 만날 수 있는 기회를 놓치지 마세요!
↳ (독재적 | 독창적 | 평균적)인

4 빈칸에 '홀로 독(獨)'이 들어가는 어휘를 쓰세요.

1 그는 다른 사람에게 조언을 구하지 않고, 그 일을 [ ](으)로 결정했다.

2 [ ]은/는 울릉도에서 동남쪽으로 약 87km 떨어진 곳에 있는 화산섬이다.

글 쓰며 표현力 높여요

정답과 해설 122쪽

‘홀로 독(獨)’이 들어가는 어휘를 넣어서 글을 써 보세요.

오늘은 내가 손꼽아 기다렸던 날이에요. ‘독도’를 주제로 하여 내가 직접 만든 동화책이 드디어 세상에 나오거든요! 내가 지은 이야기를 친구들에게 소개해 볼까요?

도움말 단독, 독도, 독점, 독창적, 독보적, 독특 등에 ‘홀로 독(獨)’이 들어가요.

예 나는 독도를 자기 땅이라고 우기며 독점하려는 다른 나라에 맞서, 그곳을 지키려고 노력하는 사람들의 이야기를 이 책에 담았어. 그리고 등장인물들을 동물에 비유해서 독창적인 이야기를 만들어 보았어. 한번 읽어볼래?

따라 쓰며 한자力 완성해요

獨	獨			
홀로 독	홀로 독			

오늘의 학습을 평가해 보아요. 부족함 보통임 잘함

17 해할 해(害)

집[宀] 안에서 사람을 헐뜯고[丰] 어지럽히는 말[口]을 하는 모습을 나타낸 글자로, '해하다', '해치다', 또는 '해롭다'를 뜻합니다.

영상으로 필순 보기

'해할 해(害)'가 들어간 어휘

정답과 해설 123쪽

[1~4] 어휘의 뜻을 살펴보고, 빈칸에 알맞은 어휘를 찾아 한글로 쓰세요.

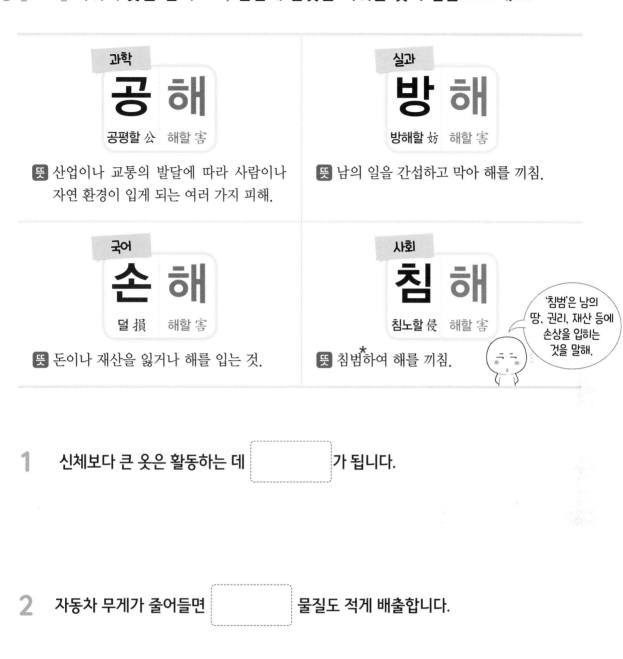

과학

공해

공평할 公 해할 害

뜻 산업이나 교통의 발달에 따라 사람이나 자연 환경이 입게 되는 여러 가지 피해.

실과

방해

방해할 妨 해할 害

뜻 남의 일을 간섭하고 막아 해를 끼침.

국어

손해

덜 損 해할 害

뜻 돈이나 재산을 잃거나 해를 입는 것.

사회

침해

침노할 侵 해할 害

뜻 침범*하여 해를 끼침.

'침범'은 남의 땅, 권리, 재산 등에 손상을 입히는 것을 말해.

1 신체보다 큰 옷은 활동하는 데 [ ] 가 됩니다.

2 자동차 무게가 줄어들면 [ ] 물질도 적게 배출합니다.

3 목화 장수는 목화가 몽땅 타 버려서 큰 [ ] 를 보게 되었습니다.

4 자료가 다른 사람의 사생활이나 권리를 [ ] 하지 않는지 살펴봅니다.

문제로 어휘 力 높여요

1 빈칸에 들어갈 어휘에 ✓표를 하세요.

관객 여러분, 연극의 진행에 [ ] 가 되지 않도록 휴대 전화의 전원을 꺼 주시기를 부탁드립니다.

☐ 견해 ☐ 방해 ☐ 양해 ☐ 오해

2 어휘의 뜻을 보고, 문장에 알맞은 어휘에 ○표를 하세요.

각종 (공해 | 재해 | 이해)로 환경이 오염되고 있다.

↳ 산업이나 교통의 발달에 따라 사람이나 자연 환경이 입게 되는 여러 가지 피해.

3 빈칸에 '해할 해(害)'가 들어가는 어휘를 쓰세요.

궁금하신 점이나 의견을 남겨주세요!

저작권과 같은 권리를 [ ] 하는 댓글은 삭제될 수 있습니다. 등록하기

(0 / 300)

4 빈칸에 '손해(損害)'를 쓸 수 없는 문장의 기호를 쓰세요.

㉠ 가게에 도난 사고가 벌어져 [ ] 가 막심하다.

㉡ 쌀값이 뚝 떨어져서 농부들이 큰 [ ] 를 보았다.

㉢ 공공 기관은 여러 사람의 편리함과 안전, [ ] 를 위한 일을 한다.

[✎]

글 쓰며 표현力 높여요

정답과 해설 123쪽

'해할 해(害)'가 들어가는 어휘를 넣어서 글을 써 보세요.

내가 지구를 살리는 데에 앞장서는 '녹색 지킴이'로 선발되었어요! 첫 번째 임무는 바로, '차 대신 자전거 이용하기' 운동을 알리는 것이에요. 친구에게 자전거를 타면 좋은 점을 설명해 볼까요?

도움말 공해, 방해, 손해, 침해, 재해, 피해 등에 '해할 해(害)'가 들어가요.

예 자동차 매연 때문에 생기는 공해로 환경이 오염되면, 결국 우리가 피해를 보게 될 거야. 자동차 대신 자전거를 타면 우리의 몸도, 지구도 건강하게 지킬 수 있어!

따라 쓰며 한자力 완성해요

害		害			
해할	해	해할	해		

오늘의 학습을 평가해 보아요. 부족함 보통임 잘함

18 다툴 쟁(爭)

위에서 내린 손[爪]과 아래에서 올린 손[又]이 무언가를 마주 당기는[亅] 모습을 나타낸 글자로, '다투다', 또는 '경쟁하다'를 뜻합니다.

영상으로 필순보기

'다툴 쟁(爭)'이 들어간 어휘

정답과 해설 124쪽

[1~4] 어휘의 뜻을 살펴보고, 알맞은 예문을 찾아 선을 연결하세요.

도덕

경쟁

다툴 競 다툴 爭

뜻 같은 목적에 대하여 이기거나 앞서려고 서로 겨룸.

사회

분쟁

어지러울 紛 다툴 爭

뜻 말썽을 일으키어 시끄럽고 복잡하게 다툼.

체육

전쟁

싸움 戰 다툴 爭

뜻 나라들이나 민족들이 온갖 무기와 물자를 써서 서로 싸우는 것.

사회

항쟁

막을 抗 다툴 爭

뜻 상대에 맞서 싸움.

1 법은 개인 간의 문제로 발생하는 [ ]을 해결해 주는 역할을 합니다.

2 학급 전체가 하나의 원을 그릴 때에는 [ ]보다 협동하는 것을 목표로 합니다.

3 이 춤은 전사들이 [ ]에 나가기 전에 자신들의 강함을 나타내기 위해 춘 것입니다.

4 고려는 몽골의 간섭을 받았지만, 끈질긴 [ ]으로 나라를 유지하고 고유의 문화를 지킬 수 있었습니다.

문제로 어휘 力 높여요

1 빈칸에 들어갈 글자와 한자를 고르세요.

분[ ](紛[ ])

: 말썽을 일으키어 시끄럽고 복잡하게 다툼.

① 수, 數(셀 수)　② 리, 離(떠날 리)　③ 실, 失(잃을 실)
④ 쟁, 爭(다툴 쟁)　⑤ 쟁, 錚(쇳소리 쟁)

2 다음 어휘의 알맞은 뜻을 괄호 안에서 골라 ○표를 하세요.

전쟁(戰爭)

뜻 (나라 | 개인)들이나 민족들이 온갖 무기와 물자를 써서 서로 (싸우는 | 거드는) 것.

예문 올림픽 휴전은 올림픽이 열리는 동안에는 전쟁을 벌이지 않는 것을 말한다.

3 밑줄 친 부분과 바꾸어 쓸 수 있는 어휘에 ✓표를 하세요.

기업은 더 많은 이익을 얻으려고 다른 기업과 서로 겨루기도 한다.

☐ 경쟁하기도　☐ 보조하기도　☐ 협동하기도

4 빈칸에 들어갈 어휘를 보기에서 골라 쓰세요.

보기

분쟁(紛爭)　항쟁(抗爭)

1 최근 층간 소음 문제로 이웃 간의 [ ]이/가 자주 일어난다.

2 그들은 외부의 침략에도 끈기 있게 [ ]하며 나라를 지켰다.

글 쓰며 표현力 높여요

정답과 해설 124쪽

‘다툴 쟁(爭)’이 들어가는 어휘를 넣어서 글을 써 보세요.

우리 학교에는 작은 화단이 있어요. 여기에 방울토마토를 심으려는 1반 친구들과, 상추를 심으려는 2반 친구들의 의견이 서로 팽팽해요. 우리 학교의 판사가 되어서 갈등을 해결해 볼까요?

도움말 경쟁, 분쟁, 전쟁, 항쟁, 언쟁, 쟁취 등에 ‘다툴 쟁(爭)’이 들어가요.

예 화단을 두고 1반과 2반이 분쟁하고 있다며? 서로 화단을 독점하려고 경쟁하지 말고, 구역을 나누어서 방울토마토와 상추를 각각 심자. 다양한 식물을 키워 보는 경험이 될 거야.

따라 쓰며 한자力 완성해요

爭	爭				
다툴 쟁	다툴 쟁				

오늘의 학습을 평가해 보아요. 부족함 보통임 잘함

19 맺을 약(約)

실타래[糸]로 꼭 묶는다는 의미를 표현한 글자로, '묶다', '약속하다', '맺다'를 뜻합니다.

영상으로 필순 보기

約 約

'맺을 약(約)'이 들어간 어휘

정답과 해설 125쪽

[1~4] 어휘의 뜻을 살펴보고, 빈칸에 알맞은 어휘를 찾아 한글로 쓰세요.

국어
공약
공평할 公 맺을 約
뜻 정부, 정당, 입후보자 등이 어떤 일을 실행할 것을 국민에게 약속함.

도덕
약속
맺을 約 묶을 束
뜻 앞으로의 일을 상대방과 미리 정하여 어기지 않을 것을 다짐함. 또는 그런 내용.

사회
예약
미리 豫 맺을 約
뜻 미리 약속함. 또는 미리 정한 약속.

국어
협약
화합할 協 맺을 約
뜻 국가나 단체 간에 서로 의논하여 약속을 맺음. 또는 그 약속.

1 후보자가 어떤 선거 ☐ 을 발표했나요?

2 자신과 한 ☐ 대로 열심히 책을 읽어 뿌듯했습니다.

3 지구 온난화를 막기 위해 여러 나라가 기후 ☐ 을 맺었습니다.

4 오늘 아침에 날씨가 나빠져 ☐ 해 두었던 낚시 체험이 취소되었습니다.

문제로 어휘力 높여요

1 밑줄 친 부분과 바꾸어 쓸 수 있는 어휘에 ○표를 하세요.

우리 가족은 서로에게 상냥한 말투를 사용할 것을 약속했다.

맹세했다　　예상했다　　전달했다　　반성했다

2 빈칸에 '맺을 약(約)'이 들어가는 어휘를 쓰세요.

▶ 비상TUBE 동영상 업로드

◉ 동영상을 공개할 날짜를 선택합니다.

2020 / 12 / 20　오전 12 : 00 ▲▼　[　　　] 완료

이 동영상을
언제 공개하면 좋을까?
미리 정해 두어야지.

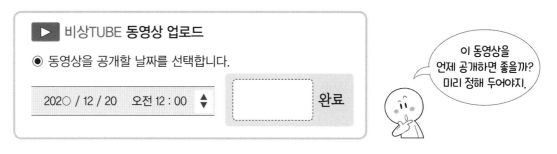

3 밑줄 친 '공약(公約)'이 잘못 쓰인 문장에 ✓표를 하세요.

☐ 지키지 못할 공약을 함부로 내세워서는 안 된다.

☐ 선거 관리 위원회가 후보들의 공약을 자세하게 따져보고 있다.

☐ 양국 간의 공약에서 우리나라는 상대 나라에 기술을 전수하기로 하였다.

4 빈칸에 들어갈 어휘를 순서대로 쓴 것을 고르세요.

수영: 오늘 결혼식을 올릴 곳에 가서, 장소를 대여하겠다는 [　　　]을 맺고 왔어.

진서: 우아, 축하해. 거기에서 신랑과 신부가 검은 머리 파뿌리 될 때까지 사랑할 것을 [　　　]하겠구나!

① 절약, 협약　　② 협약, 예약　　③ 공약, 절약

④ 계약, 약속　　⑤ 계약, 해약

글 쓰며 표현力 높여요

정답과 해설 125쪽

‘맺을 약(約)’이 들어가는 어휘를 넣어서 글을 써 보세요.

학급 대표를 뽑는 선거에 나간 나. 친구들이 기대에 가득 찬 눈빛으로 나를 바라보고 있어요. 나는 우리 반을 위해 어떤 일을 할 수 있을까요? 지킬 수 있을 만한 참신한 공약을 내세워 친구들의 신뢰를 얻어 보세요.

도움말 공약, 약속, 예약, 협약, 요약, 절약 등에 ‘맺을 약(約)’이 들어가요.

예 나의 공약은 바로 우리 반 우산 예약제를 만드는 거야. 우산을 깜빡한 날에 예약한 우산을 빌려서 사용하면 비를 맞지 않는 것은 물론, 하굣길에 새 우산을 사지 않아도 되니까 용돈도 절약할 수 있을 거야.

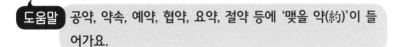

따라 쓰며 한자力 완성해요

約	約			
맺을 약	맺을 약			

오늘의 학습을 평가해 보아요. 부족함 보통임 잘함

《 공부한 날짜 월 일 》

20 마칠 종(終)

실[糸]이 풀리지 않도록 실의 양 끝에 매듭을 묶었다는[冬] 의미를 표현한 글자로, '끝내다', 또는 '마치다'를 뜻합니다.

終

영상으로 필순 보기

'마칠 종(終)'이 들어간 어휘

정답과 해설 126쪽

[1~4] 어휘의 뜻을 살펴보고, 알맞은 예문을 찾아 선을 연결하세요.

시종일관 (비로소 始 / 마칠 終 / 한 一 / 꿸 貫)

뜻 처음부터 끝까지 변하지 않는 태도로.

사회 **종료** (마칠 終 / 마칠 了)

뜻 어떤 일이나 상황을 끝냄.

국어 **종일** (마칠 終 / 날 日)

뜻 아침부터 저녁까지의 동안.

도덕 **최종** (가장 最 / 마칠 終)

뜻 어떤 일이나 시간, 순서 등의 맨 끝.

1 그는 [   ] 자기의 뜻을 굽히지 않았습니다.

2 컴퓨터를 끄려면 '전원'의 '시스템 [   ]'을/를 누릅니다.

3 친구들과 다같이 학급 토의를 하여 [   ] 결론을 내려 봅시다.

4 하루 [   ] 공기 청정기를 켜 놓으면 전기 소모가 많을 수 있습니다.

문제로 어휘力 높여요

1 **비슷한 뜻의 어휘를 나열한 것 중, 빈칸에 들어갈 글자를 고르세요.**

끝	나중	마지막	최☐

① 고(높을 高) ② 신(새 新) ③ 초(처음 初)
④ 선(착할 善) ⑤ 종(마칠 終)

2 **어휘의 뜻을 보고, 밑줄 친 곳에 공통으로 들어갈 어휘를 쓰세요.**

뜻 처음부터 끝까지 변하지 않는 태도로.

예문 • 친구는 내게 __________ 미소를 띠며 이야기를 하였다.
• 나는 그 가수의 공연을 __________ 흥미진진하게 관람했다.

[✎]

3 **밑줄 친 '종' 자의 뜻이 나머지와 다른 어휘에 ✓표를 하세요.**

☐ 종료: 어떤 일이나 상황을 끝냄.
☐ 종류: 어떤 기준에 따라 여러 가지 사물을 나눈 갈래.
☐ 종점: 기차나 버스 따위의 노선에서 맨 끝이 되는 정거장.

4 **밑줄 친 '종일(終日)'을 잘못 이해한 사람을 쓰세요.**

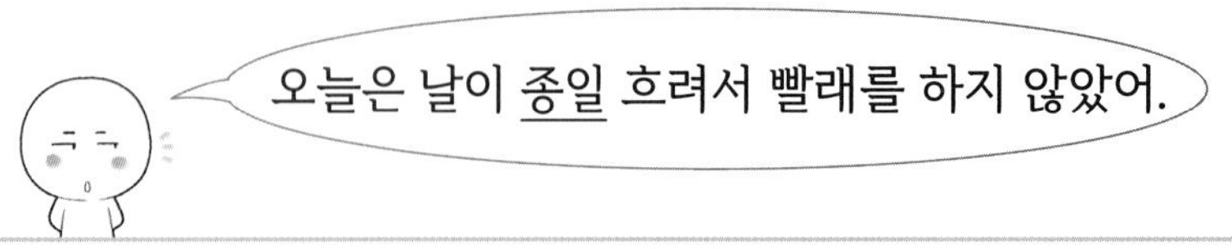

오늘은 날이 종일 흐려서 빨래를 하지 않았어.

현주: '끝내다', '마치다'를 뜻하는 한자가 포함된 어휘야.
소연: '지금', '당장', '바로' 등의 어휘와 바꾸어 쓸 수 있어.
정민: '아침부터 저녁까지의 동안.'이라는 뜻을 가진 어휘야.

[✎]

글 쓰며 표현力 높여요

정답과 해설 126쪽

'마칠 종(終)'이 들어가는 어휘를 넣어서 글을 써 보세요.

내가 주연 배우로 촬영 중인 드라마가 어제 또 최고 시청률을 기록했어요! 드라마를 시청해 주시는 분들에게 영상으로 편지를 전달해 볼까요? 감사한 마음을 듬뿍 담아서 말이에요!

도움말 시종일관, 종료, 종일, 최종, 종결, 종점 등에 '마칠 종(終)'이 들어가요.

예 요즘 더운 날씨에 종일 밖에서 촬영하느라 지치기도 하지만, 첫 방송부터 시종일관 응원해 주시는 여러분 덕분에 힘을 내고 있어요. 최종 방송까지 사랑해 주세요.

따라 쓰며 한자力 완성해요

終	終				
마칠 종	마칠 종				

오늘의 학습을 평가해 보아요. 부족함 보통임 잘함

16~20 독해로 마무리해요

정답과 해설 127쪽

1~2 다음 글을 읽고, 물음에 답하세요.

10월 25일 독도(獨島)의 날을 맞아 '제1회 독도 영상 대회'가 열립니다. 독도를 사랑하는 사람이라면 누구나 단독(單獨), 또는 4명 이내로 동아리를 만들어 참가할 수 있습니다. 독도와 관련된 영상을 제작하고, 최종(最終) 영상을 비상TUBE의 '예약(豫約)' 기능을 사용해서 10월 2일 낮 12시에 공개되도록 설정해 주세요. 그 후에 메일로 영상의 연결 주소와 개인 정보 동의서를 보내 주시면 접수가 종료(終了)됩니다. 모든 정보는 대회와 관련된 일에만 사용할 것을 약속(約束)합니다. 보내 주신 영상 중, 다섯 작품을 뽑아 수상할 예정입니다. 단, 다른 사람의 초상권을 침해(侵害)하거나, 떳떳하지 않은 태도로 경쟁(競爭)하는 경우에는 수상이 취소됩니다.

여러분의 독창적(獨創的)인 작품을 기다릴게요. 많은 관심 부탁드립니다.

1 이 글의 중심 화제를 파악하여, 빈칸에 들어갈 어휘를 쓰세요.

{ (　　　　) 영상 대회 참가 방법 안내 }

2 이 글의 내용과 일치하지 않는 것을 고르세요.

① 대회에 단독으로 참가할 수 있다.

② 모든 정보는 대회와 관련된 일에만 사용된다.

③ 영상은 올리는 즉시 바로 공개되도록 설정한다.

④ 다른 사람의 초상권에 해를 끼치면 수상이 취소된다.

⑤ 다른 것을 흉내 내지 않는 새로운 작품을 기다리고 있다.

생활 속 성어

자초지종

자 스스로 自 / 초 처음 初 / 지 이를 至 / 종 마칠 終

'자초지종'은 '처음에서부터 끝에 이르는 동안.'을 뜻하는 말로, 어떤 상황이 벌어진 시점부터 마지막까지 있었던 일을 이야기할 때 쓸 수 있습니다. '아주 자세하게.'라는 뜻으로 잘못 사용하지 않도록 주의해야 합니다.

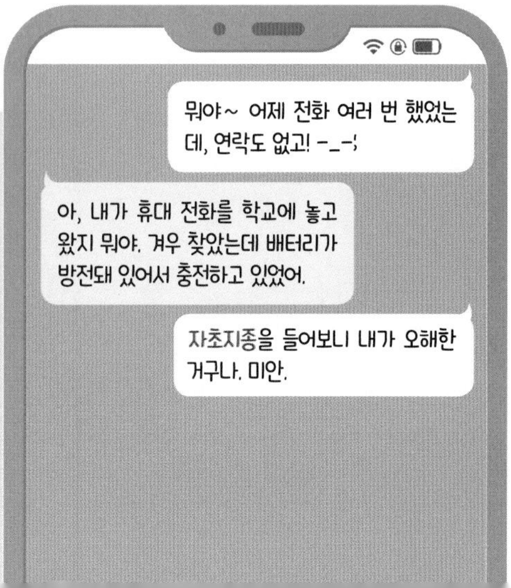

뭐야~ 어제 전화 여러 번 했었는데, 연락도 없고! -_-;
아, 내가 휴대 전화를 학교에 놓고 왔지 뭐야. 겨우 찾았는데 배터리가 방전돼 있어서 충전하고 있었어.
자초지종을 들어보니 내가 오해한 거구나. 미안.

놀이로 정리해요

정답과 해설 127쪽

◎ 쪽지를 읽고 친구 집에 가기 위해 타야 할 버스 번호를 맞혀 보세요.

안녕? 친구야! 우리 집에 올 때 타야 할 버스 번호가 궁금하지?
아래 뜻풀이에 해당하는 어휘를 1~0이 적힌 카드에서 찾아봐.
카드의 숫자를 순서대로 나열하면 버스 번호를 알 수 있을 거야.
10분 뒤에 버스가 도착할 예정이야.
시간이 얼마 남지 않았으니 서둘러! 그럼 이따가 우리 집에서 보자~^^

첫 번째 번호	혼자서 모두 차지함.
두 번째 번호	처음부터 끝까지 변하지 않는 태도로.
세 번째 번호	말썽을 일으키어 시끄럽고 복잡하게 다툼.
네 번째 번호	정부, 정당, 입후보자 등이 어떤 일을 실행할 것을 국민에게 약속함.

1	2	3	4	5
독점(獨占)	공약(公約)	최종(最終)	분쟁(紛爭)	공해(公害)
6	**7**	**8**	**9**	**0**
경쟁(競爭)	시종일관(始終一貫)	단독(單獨)	침해(侵害)	협약(協約)

급수 시험 맛보기

1 한자의 뜻과 음으로 알맞은 것을 고르세요.

1 知 ① 알 지 ② 벗 우 ③ 섬 도 ④ 뜻 의

2 產 ① 장사 상 ② 낳을 산 ③ 정할 정 ④ 날 출

2 뜻과 음에 알맞은 한자를 고르세요.

1 물건 품 ① 口 ② 品 ③ 物 ④ 質

2 성품 성 ① 心 ② 情 ③ 生 ④ 性

3 어휘를 바르게 읽은 것을 고르세요.

1 溫情 ① 감정 ② 정서 ③ 온정 ④ 열정

2 公約 ① 공약 ② 협약 ③ 약속 ④ 약혼

4 어휘의 뜻으로 알맞은 것을 고르세요.

1 友愛

① 연인 간의 사랑. ② 친구 간의 사랑.
③ 부모와 자식 간의 사랑. ④ 스승과 제자 간의 사랑.

2 兒童

① 나이가 적은 아이.
② 나이가 들어 늙은 사람.
③ 자라서 어른이 된 사람.
④ 길이나 집을 잃고 헤매는 아이.

정답과 해설 128쪽

5 밑줄 친 한자를 바르게 읽은 것을 고르세요.

1 이 가게는 주로 아동복과 학생복을 販賣한다.

① 구매 ② 매매 ③ 판매 ④ 매진

2 여러 사람의 意見을 모아 계획을 세워 봅시다.

① 주장 ② 발견 ③ 의견 ④ 생각

6 밑줄 친 어휘를 한자로 바르게 쓴 것을 고르세요.

두 회사 간에 기술 개발 경쟁이 치열하다.

① 競合 ② 妨害 ③ 戰爭 ④ 競爭

7 어휘의 뜻을 참고하여, 빈칸에 알맞은 한자를 고르세요.

1 始[ ]一貫 : 처음부터 끝까지 변하지 않는 태도.

① 最 ② 獨 ③ 了 ④ 終

2 [ ]考方式 : 어떤 문제에 대하여 생각하고 궁리하는 방법이나 태도.

① 思 ② 通 ③ 好 ④ 價

8 빈칸에 공통으로 들어갈 수 있는 한자를 고르시오.

[ ]心　親[ ]　僞[ ]

① 善 ② 望 ③ 單 ④ 展

정답과 해설

정답
QR 코드

완자 공부력 시리즈로 공부 근육을 키워요!

매일 성장하는
초등 자기개발서
완자 공부력

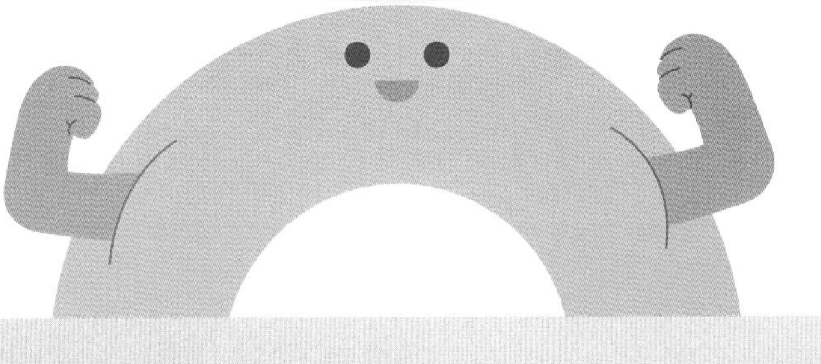

학습의 기초가 되는 읽기, 쓰기, 셈하기와 관련된 공부력을 키워야 여러 교과를 터득하기 쉬워집니다. 또한 어휘력과 독해력, 쓰기력, 계산력을 바탕으로 한 '공부력'은 자기주도 학습으로 상당한 단계까지 올라갈 수 있는 밑바탕이 되어 줍니다. 그래서 매일 꾸준한 학습이 가능한 **'완자 공부력 시리즈'**로 공부하면 **자기주도학습이 가능한 튼튼한 공부 근육**을 키울 수 있을 것이라 확신합니다.

효과적인 공부력 강화 계획을 세워요!

학년별 공부 계획

내 학년에 맞게 꾸준하게 공부 계획을 세워요!

		1-2학년	3-4학년	5-6학년
기본	독해	국어 독해 1A 1B 2A 2B	국어 독해 3A 3B 4A 4B	국어 독해 5A 5B 6A 6B
	계산	수학 계산 1A 1B 2A 2B	수학 계산 3A 3B 4A 4B	수학 계산 5A 5B 6A 6B
	어휘	전과목 어휘 1A 1B 2A 2B	전과목 어휘 3A 3B 4A 4B	전과목 어휘 5A 5B 6A 6B
		파닉스 1 2	영단어 3A 3B 4A 4B	영단어 5A 5B 6A 6B
확장	어휘	전과목 한자 어휘 1A 1B 2A 2B	전과목 한자 어휘 3A 3B 4A 4B	전과목 한자 어휘 5A 5B 6A 6B
	쓰기	맞춤법 바로 쓰기 1A 1B 2A 2B		
	독해		한국사 독해 인물편 1 2 3 4	
			한국사 독해 시대편 1 2 3 4	

시기별 공부 계획

학기 중에는 **기본**, 방학 중에는 **기본 + 확장**으로 공부 계획을 세워요!

방학 중			
학기 중			
기본			확장
독해	계산	어휘	어휘, 쓰기, 독해
국어 독해	수학 계산	전과목 어휘	전과목 한자 어휘
		파닉스(1~2학년) 영단어(3~6학년)	맞춤법 바로 쓰기(1~2학년) 한국사 독해(3~6학년)

예시 초1 학기 중 공부 계획표 주 5일 하루 3과목 (45분)

월	화	수	목	금
국어 독해	국어 독해	국어 독해	국어 독해	국어 독해
수학 계산	수학 계산	수학 계산	수학 계산	수학 계산
전과목 어휘	파닉스	전과목 어휘	전과목 어휘	파닉스

예시 초4 방학 중 공부 계획표 주 5일 하루 4과목 (60분)

월	화	수	목	금
국어 독해	국어 독해	국어 독해	국어 독해	국어 독해
수학 계산	수학 계산	수학 계산	수학 계산	수학 계산
전과목 어휘	영단어	전과목 어휘	전과목 어휘	영단어
한국사 독해 인물편	전과목 한자 어휘	한국사 독해 인물편	전과목 한자 어휘	한국사 독해 인물편

01 아이 아(兒)

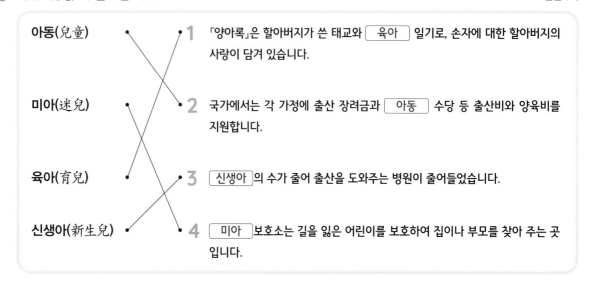

‘아이 아(兒)’가 들어간 어휘

본문 9쪽

아동(兒童) · 미아(迷兒) · 육아(育兒) · 신생아(新生兒)

1 『양아록』은 할아버지가 쓴 태교와 [육아] 일기로, 손자에 대한 할아버지의 사랑이 담겨 있습니다.

2 국가에서는 각 가정에 출산 장려금과 [아동] 수당 등 출산비와 양육비를 지원합니다.

3 [신생아]의 수가 줄어 출산을 도와주는 병원이 줄어들었습니다.

4 [미아]보호소는 길을 잃은 어린이를 보호하여 집이나 부모를 찾아 주는 곳입니다.

문제로 어휘力 높여요

본문 10쪽

1 갓난아이

‘신생아(新生兒)’는 태어난 지 얼마 되지 않은 아이를 가리키는 말로, ‘갓난아이’와 뜻이 비슷하다. ‘첫아이’는 처음으로 낳은 아이를 가리키는 말이다.

2 아동

첫 번째 문장에서 대회의 대상 연령을 10세 미만이라고 제시하고 있는데, 10세 미만은 ‘아동’에 해당한다. 두 번째 문장에서 어린이가 마땅히 누려할 권리를 제시하는 협약은 유엔 ‘아동’ 권리 협약이다. 따라서 밑줄 친 곳에 공통으로 들어갈 어휘는 ‘아동(兒童)’이다.

3 육아

‘육아(育兒)’는 아이의 잠자리를 살피는 일, 아이에게 밥을 차려 주는 일, 아이를 씻기고 옷을 입혀 주는 일 등 어린아이를 기르는 모든 행위를 가리키는 말이다.

4 **1** ㉡ **2** ㉠

1 어머니 배 안에서 자라고 있는 아이를 ‘태아(胎兒)’라고 한다.

2 길이나 집을 잃고 헤매는 아이를 ‘미아(迷兒)’라고 한다.

글 쓰며 표현力 높여요

본문 11쪽

예시 나는 건강하게 성장해야 할 아동이므로, 아플 때에는 소아과 의사 선생님께 진료를 받아야 하며, 누구보다 따뜻하게 나를 간호해 주는 엄마의 품속에서 쉴 수 있는 권리가 있습니다.

02 전할 전(傳)

'전할 전(傳)'이 들어간 어휘

본문 13쪽

1 한지는 닥나무로 만든 우리나라의 [전통] 종이입니다.

2 우체국은 우편물을 요청한 곳으로 [전달]하는 업무를 합니다.

3 이 책은 옥수수를 대량 생산할 때 [유전]자를 조작하는 문제를 다루고 있습니다.

4 이 곡은 사랑을 이루지 못한 두 남녀가 서로를 바라보고 있는 산봉우리가 되었다는 [전설]을 바탕으로 한 노래입니다.

문제로 어휘力 높여요

본문 14쪽

1 전통

농촌에서 예전부터 이어 내려오는 마을 단위 조직인 '두레'를 설명하는 내용이므로, 빈칸에는 어떤 공동체에서 예전부터 이어 내려오는 사상·관습·행동 등의 양식을 가리키는 '전통(傳統)'이 알맞다.

2 전달

'전달(傳達)'은 '지시, 명령, 물품 등을 다른 사람이나 기관에 전함.'이라는 뜻이다. 종이의 역할을 설명하는 첫 번째 문장이나, 내용을 효과적으로 전하는 방법을 설명하는 두 번째 문장의 밑줄 친 곳에 적절한 어휘이다.

3 옛날부터 전하여 내려오는 이야기.

'전설(傳說)'은 옛날부터 전하여 내려오는 이야기로, 주로 말로 전해지며 어떤 공동체의 내력이나 자연물의 유래, 신기한 체험 등을 소재로 한다.

4 유전 / 유전자

유나와 지영이는 지영이가 아빠와 생김새, 걸음걸이 등이 많이 닮아 신기하다는 이야기를 나누고 있다. 그러므로 이 대화의 주제를 '어버이의 신체적·정신적 특징이 자손에게 전해짐.'이라는 뜻을 가진 '유전(遺傳)'을 사용하여, '유전(자)의 신비'라고 할 수 있다.

글 쓰며 표현力 높여요

본문 15쪽

예시 이건 '윷놀이'라고 하는데, 조선 시대 이전부터 시작되어 우리에게 전파된 전통 놀이야. 편을 가르고 교대로 다섯 개의 윷을 던지면 돼. 윷판 위의 모든 말이 먼저 최종점을 통과하는 편이 이기는 거야.

03 착할 선(善)

‘착할 선(善)’이 들어간 어휘

본문 17쪽

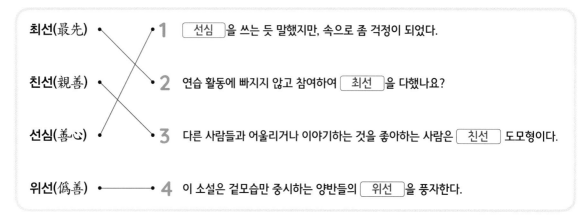

어휘	연결	문장
최선(最先)	2	1 [선심]을 쓰는 듯 말했지만, 속으로 좀 걱정이 되었다.
친선(親善)	3	2 연습 활동에 빠지지 않고 참여하여 [최선]을 다했나요?
선심(善心)	1	3 다른 사람들과 어울리거나 이야기하는 것을 좋아하는 사람은 [친선] 도모형이다.
위선(僞善)	4	4 이 소설은 겉모습만 중시하는 양반들의 [위선]을 풍자한다.

문제로 어휘力 높여요

본문 18쪽

1 1 최선 2 친선

1 있는 힘을 다하여 어떤 일을 끝까지 해내는 것이 중요하다는 내용이므로, 빈칸에는 온 정성과 힘을 뜻하는 ‘최선’이 들어가야 한다.

2 스포츠 경기를 하며 나라 간의 사이를 좋게 한다는 내용이므로, 빈칸에는 서로 간에 가깝고 사이가 좋음을 뜻하는 ‘친선’이 들어가야 한다.

2 인심

‘선심(善心)’은 남에게 베푸는 후한 마음을 뜻하는 어휘로, 남의 딱한 처지를 헤아려 알아주고 도와주는 마음을 의미하는 ‘인심(人心)’과 뜻이 비슷하다. ‘명심(銘心)’은 잊지 않도록 마음에 새겨 두는 것을, ‘양심(良心)’은 옳고 그름을 판단하여 행동으로 옮기려는 마음을, ‘이기심(利己心)’은 자기 자신의 이익만을 꾀하는 마음을 의미한다.

3 위선

겉으로만 착한 체하는 것을 ‘위선(僞善)’이라고 한다. ‘개선(改善)’은 잘못을 고쳐 더 나아지는 것을, ‘위조(僞造)’는 어떤 물건을 속일 목적으로 꾸며 진짜처럼 만드는 것을 의미한다.

4 착한, 악한

『흥부전』에서 선한 인물인 ‘흥부’는 잘 살게 되고, 나쁜 행동을 일삼은 ‘놀부’는 벌을 받게 된다고 하였다. ‘권선징악(勸善懲惡)’은 이러한 『흥부전』의 주제를 나타내는 말이므로, 착한 일을 권장하고, 악한 일을 징계한다는 뜻임을 알 수 있다.

글 쓰며 표현力 높여요

본문 19쪽

예시 나는 용돈을 모아서 자선냄비에 넣었어. 다른 사람을 돕고 싶다는 마음으로, 사고 싶었던 것을 포기하고 용돈을 모아 본 건 처음이야. 내가 실천한 선행이 누군가에게 힘이 되었을 것이라고 믿어.

04 성품 성(性)

'성품 성(性)'이 들어간 어휘

본문 21쪽

1 노래를 들으며 음악적 [감성] 역량을 길러 봐요.

2 박 선생님은 참으로 너그러운 [성품]을 가지고 있다.

3 자신의 [적성]이나 흥미, 성격 등을 이해하고, 특성에 맞는 직업을 선택할 수 있어요.

4 용수철저울은 무게에 따라 그 길이가 일정하게 늘어나는 용수철의 [성질]을 이용하여 만든 저울입니다.

문제로 어휘力 높여요

본문 22쪽

1 상냥하다, 불의를 참지 못한다.

'성품(性品)'은 사람의 성질이나 됨됨이를 의미하는 어휘이므로, '상냥하다'와 '불의를 참지 못한다'가 이에 해당한다. 외적인 모습을 표현한 '머리카락이 길다'와 단순한 정보나 사실을 전달하는 '초등학생이다'는 '성품'에 해당하는 것으로 보기 어렵다.

2 성질

㉠~㉢은 찰흙이 지닌 고유한 특성, 즉 찰흙의 '성질(性質)'을 설명하고 있다. '용도(用途)'는 물건이 쓰이는 곳을, '재료(材料)'는 물건을 만드는 데 쓰이는 것을 의미한다.

3 감성

'감성(感性)'은 감각과 감정으로 세상을 느끼고 판단하는 기능을 뜻하는 어휘로, 시인의 특징을 말한 첫 번째 문장과, 이성과 조화로운 발달을 설명한 두 번째 문장의 빈칸에 공통으로 들어갈 수 있다.

4 소질

'적성(適性)'은 어떤 일에 알맞은 사람의 성질이나 능력을 뜻하는 어휘로, 타고난 성질이나 능력 등을 가리키는 '소질(素質)'과 뜻이 비슷하다. '물질(物質)'은 물건의 본바탕을, '품질(品質)'은 물건의 성질과 바탕을 의미한다.

글 쓰며 표현力 높여요

본문 23쪽

예시 나는 '슈렉'의 수다쟁이 '덩키'와 비슷한 특성이 있어. 나도 이야기를 하는 것을 아주 좋아하거든. 수업을 들을 때에는 가만히 있으려고 노력하지만, 자꾸 말하고픈 본성이 튀어나오려고 해.

05 벗 우(友)

"벗 우(友)'가 들어간 어휘

본문 25쪽

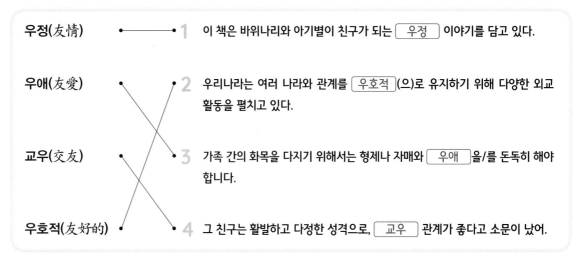

어휘		문장
우정(友情)	— 1	이 책은 바위나리와 아기별이 친구가 되는 [우정] 이야기를 담고 있다.
우애(友愛)	— 3	우리나라는 여러 나라와 관계를 [우호적](으)로 유지하기 위해 다양한 외교 활동을 펼치고 있다.
교우(交友)	— 4	가족 간의 화목을 다지기 위해서는 형제나 자매와 [우애]을/를 돈독히 해야 합니다.
우호적(友好的)	— 2	그 친구는 활발하고 다정한 성격으로, [교우] 관계가 좋다고 소문이 났어.

문제로 어휘力 높여요

본문 26쪽

1 우정

친구의 소중함을 설명하는 내용이므로, 빈칸에는 친구 사이의 정을 뜻하는 '우정(友情)'이 들어갈 수 있다.

2 개인이나 나라끼리 서로 사이가 좋은.

두 나라가 '형제의 나라'라고 할 정도로 친한 관계이므로, '우호적(友好的)'은 '개인이나 나라끼리 서로 사이가 좋은.'이라는 뜻으로 볼 수 있다.

3 우애

쌍둥이 형제 사이의 정을 쌓는다는 내용이므로, 형제간 또는 친구 간의 사랑을 뜻하는 '우애(友愛)'가 문장에 어울리는 어휘이다. '교우(交友)'는 '벗을 사귐. 또는 그 벗.'을 의미한다.

4 ③

'죽마고우(竹馬故友)'는 '벗 우(友)' 자를 포함하고 있으므로, '친구'와 관련된 의미로 짐작할 수 있다. 또한 한자성어의 풀이에도 어릴 때부터 같이 놀며 자란 친한 사이를 이르는 말이라고 하였으므로, '죽마고우'는 함께 놀던 아주 긴밀한 '친구'를 뜻하는 말이다.

글 쓰며 표현力 높여요

본문 27쪽

예시 마음이 곱상: 위 어린이는 친구 간의 우정을 소중하게 여기는 고운 마음씨를 지니고 있어, 내가 곤란한 상황에 처할 때마다 우호적인 태도로 먼저 도움을 주었으므로 이 상장을 수여합니다.

독해 / 놀이

독해로 마무리해요

본문 28쪽

1 누리소통망

글쓴이는 온라인의 특성을 고려하여 정보를 분별하는 판단력을 가져야 하고, 위선적인 태도를 가진 사람들을 조심해야 한다며 누리소통망을 사용할 때의 주의할 점을 말하고 있다.

2 ④

글쓴이는 '일부' 이용자는 자신을 감추고 상대를 위선적으로 대하기도 하므로, 서로에게 신뢰가 충분히 쌓인 후에 상대와 우호적인 관계를 맺는 것이 좋다고 하였다. 그러므로 모든 사람이 위선적인 태도를 가졌다고 보기는 어렵다.

놀이로 정리해요

본문 29쪽

뜻풀이와 초성을 단서로 어휘를 완성하며 징검다리를 건너 보세요.
어버이의 신체적·정신적 특징이 자손에게 전해짐.
유 전 (遺傳)
어떤 일에 알맞은 사람의 성질이나 적응 능력.
적 성 (適性)
어린아이. 어린이.
아 동 (兒童)
벗을 사귐. 또는 그 벗.
교 우 (交友)
서로 간에 가깝고 사이가 좋음.
친 선 (親善)

06 알 지(知)

‘알 지(知)’가 들어간 어휘

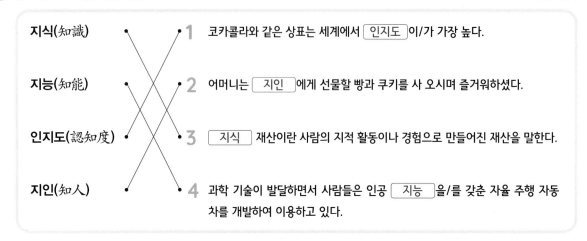

본문 31쪽

지식(知識)	1 코카콜라와 같은 상표는 세계에서 [인지도]이/가 가장 높다.
지능(知能)	2 어머니는 [지인]에게 선물할 빵과 쿠키를 사 오시며 즐거워하셨다.
인지도(認知度)	3 [지식] 재산이란 사람의 지적 활동이나 경험으로 만들어진 재산을 말한다.
지인(知人)	4 과학 기술이 발달하면서 사람들은 인공 [지능]을/를 갖춘 자율 주행 자동차를 개발하여 이용하고 있다.

문제로 어휘力 높여요

본문 32쪽

1 알다

‘공지(公知)’, ‘통지(通知)’, ‘지각(知覺)’에는 모두 ‘알다’를 의미하는 한자 ‘知(지)’가 쓰였기 때문에, 모두 ‘알다’라는 의미가 포함되어 있다.

2 ③

‘아는 사람’이라는 뜻을 가진 어휘는 ‘알 지(知)’, ‘사람 인(人)’으로 이루어진 ‘지인’이다. ‘고인(古人)’은 옛날 사람, ‘성인(成人)’은 자라서 어른이 된 사람, ‘타인(他人)’은 다른 사람, ‘이방인(異邦人)’은 다른 나라에서 온 사람이라는 의미이다.

3 인지도

두 문장 모두 사람 또는 제품을 알아보는 정도를 높인다는 의미를 담고 있으므로, 빈칸에는 어떤 사람이나 물건을 알아보는 정도를 의미하는 ‘인지도(認知度)’가 들어가는 것이 적절하다.

4 1 지식 2 지능

1 선생님이 각 분야에 많은 것을 알고 있다는 내용이므로, 빈칸에는 배우거나 겪어서 알게 된 것을 의미하는 ‘지식(知識)’이 들어갈 수 있다.

2 고래가 어린아이 수준으로 머리가 좋다는 내용이므로, 빈칸에는 상황을 이해하고 환경에 대처하는 능력을 의미하는 ‘지능(知能)’이 들어갈 수 있다.

글 쓰며 표현力 높여요

본문 33쪽

예시 친구야. 최근에 읽은 책에, 말하기 두려울 때 이를 해결하는 방법과 관련한 지식이 실려 있었어. 깊게 숨을 쉬면서 몸을 풀어 주는 체조를 하면 긴장이 해소된대. 발표를 하기 전에 천천히 심호흡을 하는 지혜를 발휘해 봐.

07 볼 견(見)

‘볼 견(見)’이 들어간 어휘

본문 35쪽

1 같은 사실에 대해서도 사람마다 [의견]이 다를 수 있습니다.

2 공공 기관을 [견학]하며 조사한 내용을 친구들과 이야기합니다.

3 화석을 이용하여 화석이 [발견]된 지역이 과거에 어떤 환경이었는지 추리할 수 있습니다.

4 다문화 어린이 합창단은 서로 다른 문화에 [편견]을 가지지 않고 하나의 화음을 만들었습니다.

문제로 어휘 力 높여요

본문 36쪽

1 의견

토의는 어떤 대상에 대하여 가지는 생각인 ‘의견(意見)’을 서로 나누고, 협의하여 문제를 해결하는 것을 말한다.

2 ②

첫 번째 문장은 식물원에 직접 찾아가 배우는 상황이므로, 실제로 가서 보고 배움을 의미하는 ‘견학(見學)’을 간 것이다. 마지막 문장은 여러 곳을 다니며 식물과 관련된 지식을 얻고 싶다는 내용이므로, 보고 들으며 얻는 지식을 의미하는 ‘견문(見聞)’을 넓히고 싶다는 것이다. 따라서 두 문장의 빈칸에 공통으로 들어갈 글자는 ‘견(볼 見)’이다.

3 편견

공정하지 못하고 한쪽으로 치우친 생각을 ‘편견(偏見)’이라고 한다. ‘견해(見解)’는 어떤 사물이나 현상에 대한 자기의 의견이나 생각, ‘소견(所見)’은 어떤 일을 살펴보고 가지게 되는 의견이나 생각을 의미한다. ‘참견(參見)’은 자기와 별로 관계없는 일에 끼어들어 쓸데없이 아는 체하거나 이래라저래라 한다는 의미이다.

4 ㉢

‘발견(發見)’은 미처 찾아내지 못했거나 아직 알려지지 않은 것을 찾아냄을 의미한다. ㉢은 그동안 세상에 드러나지 않았던 유물들을 찾아냈다는 의미이므로 ‘발견’을 쓸 수 있다. ㉠은 에디슨이 이전에는 없었던 전기를 만들어 낸 것이므로 ‘발명(發明)’을, ㉡은 내가 쓴 글을 친구들 앞에 드러내어 알리는 것이므로 ‘발표(發表)’를 쓸 수 있다.

글 쓰며 표현 力 높여요

본문 37쪽

예시 나는 무령왕릉을 추천하고 싶어. 무령왕릉은 백제의 문화유산이 많이 발견된 곳이야. 무령왕릉으로 견학을 간다면 백제의 역사를 잘 이해할 수 있을 것 같은데, 너희들 의견은 어때?

08 생각 사(思)

'생각 사(思)'가 들어간 어휘

본문 39쪽

사모(思慕) – 2
사춘기(思春期) – 1
사고방식(思考方式) – 4
의사소통(意思疏通) – 3

1 [사춘기]이/가 되면 여러 신체 변화가 일어납니다.

2 영화 속 여자 주인공은 상대방을 [사모]하는 연기를 실감나게 펼쳤습니다.

3 [의사소통]을/를 할 때에는 상대의 말을 잘 듣고, 상대가 이해하기 쉽게 말해야 합니다.

4 주변 자연환경이나 그곳 사람들의 [사고방식] 등에 따라 그 나라의 독특한 문화가 만들어집니다.

문제로 어휘力 높여요

본문 40쪽

1 사춘기

'사춘기(思春期)'는 육체적·정신적으로 성인이 되어 가는 시기로, 이때가 되면 피부에 여드름이 나는 등 몸에 여러 변화가 일어난다.

2 생각, 그리워함

'사모'는 '생각 사(思)'와 '그리워할 모(慕)'로 이루어진 어휘로, 애틋하게 생각하고 그리워한다는 뜻을 지닌다.

3 의사소통하기

서로의 생각을 주고받는 것을 '의사소통(意思疏通)'이라고도 한다. '왕래(往來)하다'는 가고 오고 하다, 또는 서로 교제하여 사귄다는 의미이다. '통신(通信)하다'는 소식을 전하다, 또는 우편이나 전신, 전화 등으로 정보나 의사를 전달한다는 의미이다.

4 ㉡

㉠, ㉢, ㉣에는 생각을 의미하는 어휘인 '사고(思考)'가 쓰였고, ㉡에는 뜻밖에 일어난 불행한 일을 의미하는 어휘인 '사고(事故)'가 쓰였다.

글 쓰며 표현力 높여요

본문 41쪽

예시 저는 초등학생들의 스마트폰 사용 시간을 제한해야 한다고 생각합니다. 초등학생은 아직 스스로 판단할 수 있는 사고력이 어른보다 부족해요. 또 스마트폰을 통한 의사소통보다는 아직은 서로 얼굴을 맞대고 의사소통을 하는 방법을 배워야 할 때라고 생각해요.

09 바람 망(望)

'바랄 망(望)'이 들어간 어휘

본문 43쪽

1 드론은 조난 수색, 응급 구호 물품 수송 등에도 활용될 [전망]입니다.

2 진영이는 꽃 주위에 쓰레기가 흩어져 있는 모습을 보고 [실망]했습니다.

3 피겨계의 [유망주]였던 김연아 선수가 올림픽에서 금메달을 목에 거는 것을 보고 감동을 받았습니다.

4 어린이 노래는 우리나라가 어려운 시기에 만들어진 노래로, 어린이들에게 꿈과 [희망]을/를 심어 주는 내용을 담고 있습니다.

문제로 어휘力 높여요

본문 44쪽

1 어떤 분야에서 장래가 기대되는 사람.

'유망주'는 '있을 유(有)', '바랄 망(望)', '그루 주(株)'로 이루어진 어휘로, 어떤 분야에서 발전될 가망이 있어 장래가 기대되는 사람을 이르는 말이다.

2 실망

제시된 문장은 모두 일이 뜻대로 되지 않는 상황이 나타나고 있으므로, 밑줄 친 곳에 들어갈 어휘는 바라는 대로 되지 않아 마음이 상함을 의미하는 '실망(失望)'이다.

3 ③

'희망(希望)'과 반대의 뜻을 지닌 어휘는 '바라볼 것이 없게 되어 모든 희망을 끊어 버림.'을 의미하므로, 빈칸에는 이 뜻과 관련이 있는 글자인 '끊을 절(絶)' 자를 넣어야 함을 알 수 있다.

4 1 ㉡ 2 ㉠

1 장래에 노인 인구가 늘어날 것을 내다보고 있다는 내용의 문장으로, ㉡의 뜻으로 쓰였다.

2 숙소에서 멀리 내다보이는 바닷가의 경치가 아름답다는 내용의 문장으로, ㉠의 뜻으로 쓰였다.

글 쓰며 표현力 높여요

본문 45쪽

예시 배구 경기에서 우리 모둠이 꼴찌를 했어. 나 자신에게 실망하고, 다른 친구들을 원망하는 마음이 들기도 했지. 하지만 우리는 다시 희망을 품고 치밀한 전략을 짰고, 다음번 경기에서 승리를 차지했어! 역시 한마음으로 모이면, 좋은 결과가 생기는 것 같아!

10 뜻 정(情)

'뜻 정(情)'이 들어간 어휘 본문 47쪽

감정(感情) •   • 1 나눔과 봉사의 마음이 널리 퍼진다면 [온정]이 넘치는 사회가 될 것입니다.

열정(熱情) •   • 2 상황에 알맞은 표정과 몸짓으로 자신의 생각과 [감정]을 잘 표현할 수 있어요.

온정(溫情) •   • 3 장기려 박사는 환자를 대할 때 가엾게 여기며 [동정]하는 마음을 가져야 한다고 하였습니다.

동정(同情) •   • 4 젊을 땐 [열정]적으로 그림을 그렸지만, 나이가 들수록 그림을 그리기가 어려워졌어요.

문제로 어휘力 높여요

본문 48쪽

1 동정

두 문장 모두 어려운 처지에 있는 대상에게 생기는 마음을 말하고 있으므로, 빈칸에는 남의 어려운 처지를 자기 일처럼 딱하고 가엾게 여긴다는 의미의 '동정(同情)'이 들어갈 수 있다.

2 ⑤

'감정(感情)'은 어떤 현상이나 일에 대하여 일어나는 마음이나 느끼는 기분을 의미한다. 문장의 의미로 보아 '마음', '심정', '기분', '느낌' 등과는 바꾸어 쓸 수 있지만, '정신(精神)'은 육체와 대립되는 영혼이나 사물을 판단하는 능력을 의미하므로 '감정'과 바꾸어 쓸 수 없다.

3 1 표정   2 열정

1 세희의 모습을 보고 좋은 일이 있음을 짐작하고 있으므로, 빈칸에는 마음속의 감정이 얼굴에 드러난 모습을 의미하는 '표정(表情)'이 알맞다.

2 연기에 열중하는 뮤지컬 배우들의 모습을 기대하고 있으므로, 빈칸에는 어떤 일에 열렬한 애정을 가지고 열중하는 마음을 의미하는 '열정(熱情)'이 알맞다.

4 온정

아나운서가 수재민들을 위한 따뜻한 사랑이나 인정을 담은 도움을 요청하고 있는 상황이므로, 빈칸에는 따뜻한 사랑이나 인정을 의미하는 '온정(溫情)'이 알맞다.

글 쓰며 표현力 높여요

본문 49쪽

예시 저는 저를 돌봐 주시는 할머니, 할아버지께 존경과 사랑의 감정을 담아 카네이션을 달아 드렸어요. 할머니께서는 흐뭇한 표정으로 저를 안아 주셨어요. 저는 할머니의 품에서 할머니의 애정과 다정함을 느낄 수 있었어요.

06~10 독해 / 놀이

독해로 마무리해요

본문 50쪽

1 기술자

이 글은 로봇 기술자라는 직업에 대해 설명하면서 로봇 기술자가 되기 위해 필요한 능력을 소개하고 있다.

2 ⑤

이 글에서는 로봇 기술자가 로봇을 개발한다고 설명하고 있을 뿐, 로봇이 개발하는 새로운 로봇의 모습은 나타나지 않는다.

① 앞으로는 지능과 감정을 가지고 인간과 의사소통하는 로봇들이 등장할 것이라고 하였다. ② 로봇 기술자는 인공지능 로봇을 연구하고 개발하는 직업이라고 하였다. ③ 미래에는 모든 가정에서 한 대 이상의 로봇을 사용할 것이며, 이로 인해 우리의 생활이 더욱 편해진다고 하였다. ④ 이 글의 마지막 문단에서 로봇 기술자에게 필요한 지식과 갖추어야 될 시각, 마음가짐 등을 이야기하고 있다.

놀이로 정리해요

본문 51쪽

◎ 제시된 설명을 참고하여 한자 어휘 지도를 완성해 보세요.

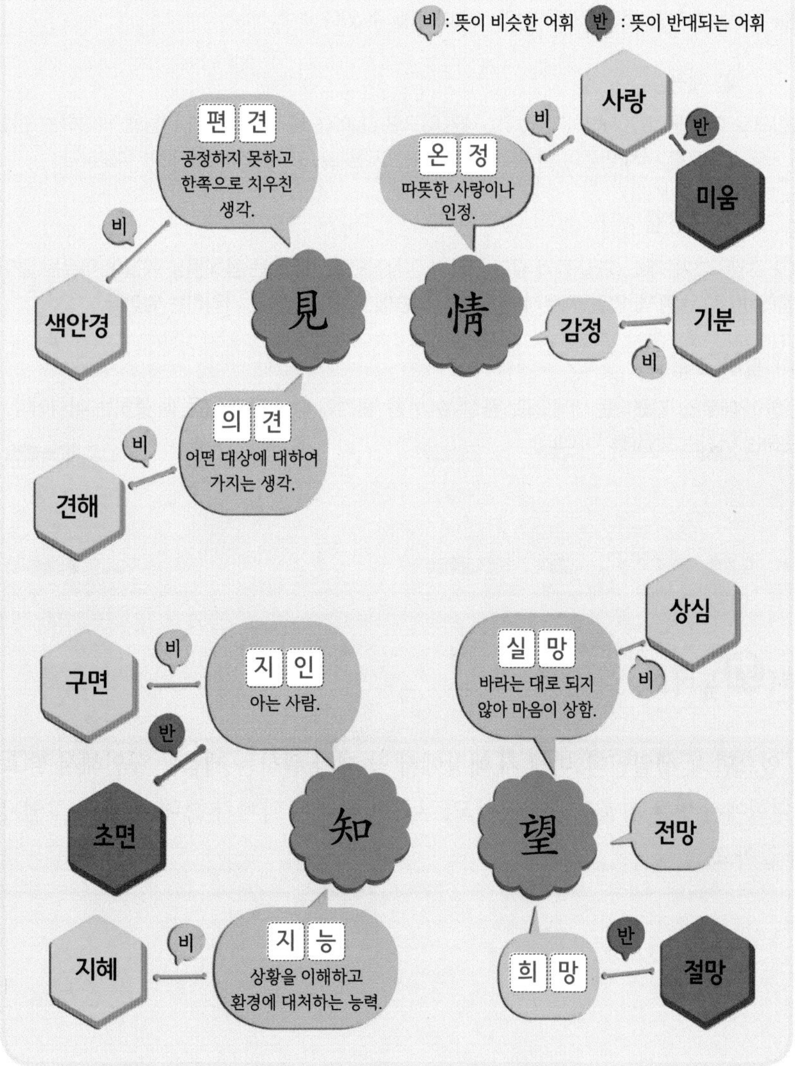

비 : 뜻이 비슷한 어휘 반 : 뜻이 반대되는 어휘
편견
공정하지 못하고 한쪽으로 치우친 생각.
비
색안경
見
의견
어떤 대상에 대하여 가지는 생각.
비
견해
온정
따뜻한 사랑이나 인정.
情
사랑
비
반
미움
감정
비
기분
구면
비
지인
아는 사람.
반
초면
知
지능
상황을 이해하고 환경에 대처하는 능력.
비
지혜
실망
바라는 대로 되지 않아 마음이 상함.
비
상심
望
전망
희망
반
절망

11 물건 품(品)

'물건 품(品)'이 들어간 어휘

본문 53쪽

어휘		문장
제품(製品)	→ 2	1 불량 [식품]을 먹으면 건강을 해칠 수 있다.
식품(食品)	→ 1	2 조명 기구는 전기가 적게 드는 [제품]을 사용한다.
품질(品質)	→ 3	3 시장에서는 물건의 [품질]을 직접 확인하고 살 수 있다.
학용품(學用品)	→ 4	4 우리 선생님은 [학용품]이 없는 학생들에게 공책, 연필 등을 사 주셨다.

문제로 어휘力 높여요

본문 54쪽

1 ③

제시된 어휘에는 모두 '물품'이라는 의미가 포함되어 있다. 그러므로 '상품(商品)', '골동품(骨董品)', '재활용품(再活用品)'에는 모두 물건을 뜻하는 한자인 '물건 품(品)' 자가 쓰였다고 볼 수 있다.

2 1 품질 2 제품

정보를 바탕으로 좋은 물건을 저렴하게 샀다는 내용이므로 1 에는 물건의 성질과 바탕을 의미하는 '품질(品質)'이, 2 에는 팔기 위하여 기술과 재료를 써서 만들어 낸 물품을 의미하는 '제품(製品)'이 들어가는 것이 적절하다.

3 1 식품 2 학용품

1 '식품(食品)'은 고기, 채소, 과일 등과 같이 사람이 일상적으로 섭취하는 음식물을 통틀어 이르는 말이다.
2 '학용품(學用品)'은 공책, 연필, 지우개 등과 같이 학습에 필요한 물품을 가리키는 말이다.

4 물건이 다 팔리고 없음.

인기 있는 빵이 매우 잘 팔렸다는 내용으로, '품절(品切)'은 '물건이 다 팔리고 없음.'을 뜻하는 어휘이다. '사들인 물품을 되돌려 보냄.'을 뜻하는 어휘는 '반품(返品)'이다.

글 쓰며 표현力 높여요

본문 55쪽

예시 아빠, 곧 있으면 제 생일인데, 마침 저 매장에서 딱 제가 원하는 제품을 할인해서 팔고 있어요. 제가 이번 글쓰기 대회에서 받은 상품권을 사용하고, 부족한 금액은 아빠가 보태 주세요. 그럼 정말 좋은 생일선물이 될 것 같아요.

12 장사 상(商)

● '장사 상(商)'이 들어간 어휘

본문 57쪽

1 도시에는 백화점, 대형 할인점 등 큰 [상점]이 많습니다.

2 긴 [협상] 끝에 마침내 1953년 7월에 휴전이 결정되었습니다.

3 물건을 돈으로 사용하는 것을 '물품 화폐' 또는 '[상품] 화폐'라고 합니다.

4 낡은 벙거지, 지게, 커다란 광주리 등으로 보아 김홍도의 그림 속 부부는 [행상]하는 사람들로 보입니다.

문제로 어휘力 높여요

본문 58쪽

1 돌아다니며, 파는

정해진 곳 없이 발길 닿는 대로 떠돌아 장사했기 때문에 많은 것을 보고 들을 수 있었다는 내용의 문장이다. '행상(行商)'은 이처럼 이리저리 돌아다니며 물건을 파는 일을 가리키는 말이다.

2 1 가게　　2 물건

1 '상점(商店)'은 일정한 시설을 갖추고 물건을 파는 곳을 가리키는 말로, '가게'와 뜻이 비슷하다. '가게'는 작은 규모로 물건을 파는 집을 이르는 말이다.

2 '상품(商品)'은 사고파는 물품을 가리키는 말로, '물건'과 뜻이 비슷하다.

3 ㉡

'협상'은 어떤 목적을 위해 여럿이 서로 의논하는 것을 뜻한다. 따라서 줄다리기를 하며 서로 의논하는 정신을 기를 수는 없으므로, ㉡에는 서로 마음과 힘을 하나로 합함을 뜻하는 '협동'과 같은 말이 들어갈 수 있다.

4 1 ㉡　　2 ㉠

1 동네에 전자 제품 관련 상점들이 죽 늘어선 거리가 들어섰다는 내용으로, '상가'는 '장사 상(商)'에 '거리 가(街)'가 합하여 상점들이 죽 늘어서 있는 거리를 의미한다.

2 시장에 옷이나 가방을 파는 장사를 하는 사람이 많이 있다는 내용으로, '상인'은 '장사 상(商)'에 '사람 인(人)'이 합하여 장사를 직업으로 하는 사람을 의미한다.

글 쓰며 표현力 높여요

본문 59쪽

예시 나는 백화점이 편리해서 좋아. 모든 상점이 한곳에 모여 있고, 상품의 품질도 어느 정도 믿을 수 있지. 게다가 나는 말주변이 없어서 우리 엄마처럼 가격 협상을 잘 못하겠어. 그래서 백화점처럼 제품의 정가가 분명한 게 마음이 편해.

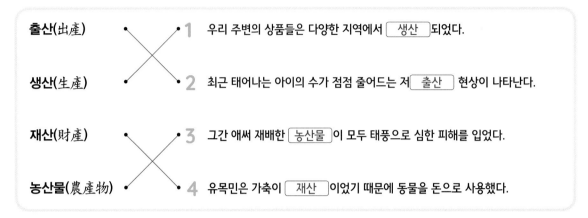

13 낳을 산(產)

‘낳을 산(產)’이 들어간 어휘

본문 61쪽

출산(出產) – 2 최근 태어나는 아이의 수가 점점 줄어드는 저 [출산] 현상이 나타난다.

생산(生產) – 1 우리 주변의 상품들은 다양한 지역에서 [생산]되었다.

재산(財產) – 4 유목민은 가축이 [재산]이었기 때문에 동물을 돈으로 사용했다.

농산물(農產物) – 3 그간 애써 재배한 [농산물]이 모두 태풍으로 심한 피해를 입었다.

문제로 어휘力 높여요

본문 62쪽

1 계산기

‘계산기(計算器)’는 계산하는 데 쓰는 기기를 가리키는 말로, ‘셈 산(算)’ 자가 쓰인다. ‘농산물(農產物)’은 농업을 통해 만들어진 물건을, ‘산부인과(產婦人科)’는 임신, 해산, 신생아 등을 다루는 의학 분야를 가리키는 말로, 두 어휘에 모두 ‘낳을 산(產)’ 자가 쓰인다.

2 생산

빈칸에는 ‘무언가를 만들어 냄.’을 뜻하는 어휘가 들어가야 하므로, ‘생산(生產)’이 들어가야 한다.

3 유산

‘유산(遺產)’은 ‘죽은 사람이 남겨 놓은 재산.’이나 ‘앞 세대가 물려준 사물 또는 문화.’를 가리키는 말이다. 두 문장 모두 다른 대상으로부터 무언가를 전하여 받는다는 내용이므로, ‘유산’이 들어갈 수 있다.

4 1 재　　2 출

1 책은 인류 문화에게 가치 있는 자산이 된다는 내용의 문장이므로, ‘재산(財產)’을 쓸 수 있다.

2 엄마가 쌍둥이 동생들을 낳았다는 내용의 문장이므로, ‘출산(出產)’을 쓸 수 있다.

글 쓰며 표현力 높여요

본문 63쪽

예시 김치는 배추나 무 등의 농산물을 소금에 절여 빨갛게 무친 우리나라 음식입니다. 우리나라에서 생산된 김치는 여러 나라에 수출될 정도로 그 맛을 인정받고 있습니다. 사실이 아닌 내용으로 영상을 올리지 말아 주세요!

14 값 가(價)

'값 가(價)'가 들어간 어휘

본문 65쪽

가격(價格) — 3	1 김만덕은 나눔을 [가치] 있게 생각했어.
가치(價値) — 1	2 우리 동네 가게에서는 아이스크림을 [정가]보다 싸게 판다.
정가(定價) — 2	3 같은 물건도 파는 장소와 방법에 따라 부르는 [가격]이/가 달라진다.
물가(物價) — 4	4 부모님은 돈 쓸 데는 많아지는데 [물가]은/는 자꾸 오른다며 한숨을 쉬셨다.

문제로 어휘力 높여요

본문 66쪽

1 價

물건의 '값'을 뜻하는 한자는 '값 가(價)'이다. 나머지 한자는 순서대로 '물건 품(品)', '장사 상(商)', '낳을 산(産)'이다.

2 가치

첫 번째 문장은 고려자기가 예술적으로 가치가 높은 문화재라는 내용이고, 두 번째 문장은 생명은 돈으로 매겨질 수 없을 정도로 가치가 높다는 내용이다. 그러므로 빈칸에는 모두 사물이 지니고 있는 쓸모를 의미하는 '가치(價値)'가 들어가야 한다.

3 1 물가 2 정가

1 생활비에 해당하는 물건들의 전체 가격이 올랐다는 내용이므로, 여러 물건을 종합해 평균을 낸 값을 의미하는 '물가(物價)'가 알맞다.

2 상품을 정해진 가격보다 싸게 팔고 있다는 내용이므로, 상품의 일정한 값을 의미하는 '정가(定價)'가 알맞다.

4 ㉢

㉢의 '상가'는 이익을 얻으려고 물건을 사서 파는 집을 가리키는 말이고, '집 가(家)' 자가 쓰였다. 나머지는 모두 '값 가(價)' 자가 쓰인 어휘로, 값이나 가치 등의 뜻을 전달한다. 참고로 '상가'가 '상점들이 죽 늘어선 거리.'라는 뜻으로 사용될 때에는 '거리 가(街)' 자가 쓰인다.

글 쓰며 표현力 높여요

본문 67쪽

예시 우리 반에서 열리는 바자회에 구경 오지 않을래? 요즘 물가로는 살 수 없는 가격으로 좋은 물건을 살 수 있어. 그리고 바자회로 모은 돈은 유기 동물 단체에 기부할 예정이라서, 너희에게도 가치 있는 소비가 될 거야.

15 팔 매(賣)

○ '팔 매(賣)'가 들어간 어휘

본문 69쪽

1 그 물건은 찾는 사람이 많아서 벌써 [매진]되었어요.

2 넓지 않은 [매장]에 유행이 지난 헌 옷이 걸려 있었다.

3 기업은 물건을 만들어 [판매]하거나 서비스를 제공해 이윤을 얻는다.

4 대형 할인점이 생긴 후, 전통 시장의 전체 [매출]액은 절반으로 줄었다.

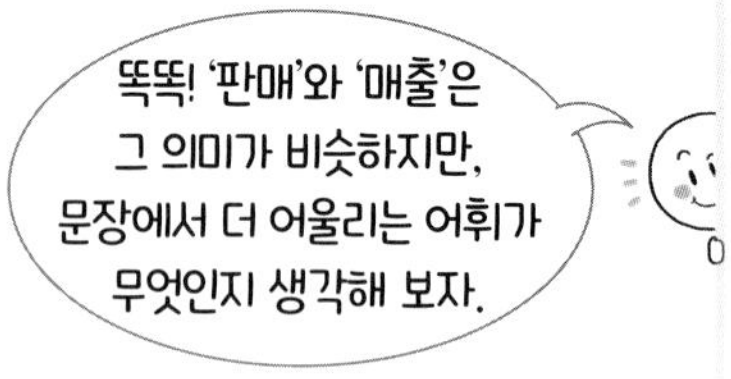
똑똑! '판매'와 '매출'은
그 의미가 비슷하지만,
문장에서 더 어울리는 어휘가
무엇인지 생각해 보자.

문제로 어휘力 높여요

본문 70쪽

1 ①

물건을 팔고 사는 일이라는 뜻의 어휘는, '팔 매(賣)'와 '살 매(買)'를 합한 '매매'이다.

2 1 매장 2 판매

사거리에 있는 잡화를 파는 장소라는 뜻으로, 1 에 '매장(賣場)'이 들어갈 수 있다. 독특하게 상품을 파는 방식이라는 뜻으로 2 에 '판매(販賣)'가 들어갈 수 있다.

3 ㉡

㉠은 인기가 많은 야구 경기의 입장권이 빨리 다 팔린다는 내용이고, ㉢은 영화관에 도착했을 때에는 표가 이미 다 팔린 뒤였다는 내용이다. 따라서 두 문장에는 '모두 다 팔려서 남아 있는 것이 없음.'을 의미하는 '매진(賣盡)'을 쓸 수 있다. ㉡은 어린이에게 정해진 값에서 얼마를 뺀 요금이 적용된다는 내용이므로 '일정한 값에서 얼마를 뺌.'을 의미하는 '할인(割引)' 등을 쓸 수 있다.

4 1 예매 2 매출

1 고향으로 가는 열차표를 일주일 전부터 미리 판다는 내용이므로, 빈칸에는 '정해진 때가 되기 전에 미리 파는 행위.'를 뜻하는 '예매'가 들어가야 한다.

2 가게에서 내놓은 상품이 많이 팔렸다는 내용이므로, 빈칸에는 '물건을 내다 파는 일.'을 뜻하는 '매출(賣出)'이 들어가야 한다.

글 쓰며 표현力 높여요

본문 71쪽

예시 행운의 뽑기 행사를 하는 건 어떨까요? 빵을 판매할 때 손님이 받은 영수증을 뽑기 상자에 넣게 하여, 하나를 무작위로 뽑아 당첨된 분께 상품을 주는 거예요. 잘 홍보하면 우리 매장을 찾는 손님도 늘고, 매출도 늘 거예요.

독해로 마무리해요

본문 72쪽

1 생산, 역할

이 글은 생산 활동과 소비 활동이 무엇인지 설명하면서, 이러한 경제 활동이 원활하게 이루어지기 위해서는 생산자와 소비자의 역할이 중요함을 말하고 있다.

2 1 ○ 2 ○ 3 ×

3 경제 활동이 원활하게 이루어지려면 물건의 가치를 올바로 판단하여 구매하는 합리적인 소비자의 역할이 중요하다고 하였다. 따라서 합리적인 소비자는 가치가 있는 물건을 구매하는 사람임을 알 수 있다.

놀이로 정리해요

본문 73쪽

◎ 뜻풀이에 해당하는 어휘를 골라 퍼즐을 맞춰 보세요.

물건의 성질과 바탕. 품질
모두 다 팔려서 남아 있는 것이 없음. 매진
사물이 지니고 있는 쓸모. 가치
물건을 만들어 냄. 생산
이리저리 돌아다니며 물건을 파는 일. 행상
가치 (價値)
품질 (品質)
판매 (販賣)
상점 (商店)
매진 (賣盡)
생산 (生産)
행상 (行商)
물가 (物價)

16 홀로 독(獨)

'홀로 독(獨)'이 들어간 어휘

본문 75쪽

단독(單獨)	1	독도 이/가 우리 땅이라는 것이 자랑스러웠다.
독도(獨島)	2	단독 주택 형태의 집들이 서로 멀리 떨어져 있다.
독점(獨占)	3	미래 사회에는 적은 수의 사람이 로봇으로 소득을 독점 할 수 있다.
독창적(獨創的)	4	주제를 표현할 때 자신의 느낌과 생각에 따라 독창적 (으)로 표현할 수 있어요.

문제로 어휘力 높여요

본문 76쪽

1 ③

'단 한 사람.'을 뜻하는 어휘는 '단독(單獨)'이다. 그러므로 빈칸에 들어갈 글자는 독, 한자는 '혼자', '홀로'를 뜻하는 '獨'이다.

2 독점

'독점(獨占)'은 '혼자서 모두 차지함.'을 뜻한다. 제시된 문장은 '막내가 할머니의 사랑을 혼자서 모두 차지하고 있다.', '놀부는 재산을 혼자서 모두 차지하기 위해 흥부 가족을 내쫓았다.'라고 바꾸어 말할 수 있으므로 빈칸에 공통으로 들어갈 어휘는 '독점'이다. 참고로 '독(獨)차지'라는 표현도 가능하나, 제시된 빈칸의 수가 2개이므로 '독점'이 더 적절하다.

3 독창적

'독창적(獨創的)'은 '남의 것을 흉내 내지 않고 혼자 새롭고 독특한 것을 창조하는 것.'을 뜻한다. 따라서 밑줄 친 '그동안 볼 수 없었던 새로운'과 바꾸어 쓸 수 있다. '독재적(獨裁的)'은 특정 개인이나 단체 등이 일을 독단으로 처리하는 특성을 의미하고, '평균적(平均的)'은 수량이나 정도가 중간이 되는 것을 의미한다.

4 1 단독 2 독도

1 다른 사람에게 조언을 구하지 않고 일을 혼자서 결정했다는 내용이므로, 빈칸에는 '단 한 사람.'을 뜻하는 '단독(單獨)'이 들어가야 적절하다.

2 빈칸에는 '경상북도 울릉군에 속하는 화산섬.'을 뜻하는 어휘인 '독도(獨島)'가 들어가야 적절하다.

글 쓰며 표현力 높여요

본문 77쪽

예시 나는 서울에 살고 있는 아이가 단독으로 독도를 여행하는 이야기를 담은 동화책을 만들었어. 내가 만약 독도에 간다면 어떤 독특한 일을 겪게 될지 상상하면서 만든 책이야.

17 해할 해(害)

‘해할 해(害)’가 들어간 어휘

본문 79쪽

1 신체보다 큰 옷은 활동하는 데 [방해]가 됩니다.

2 자동차 무게가 줄어들면 [공해] 물질도 적게 배출합니다.

3 목화 장수는 목화가 몽땅 타 버려서 큰 [손해]를 보게 되었습니다.

4 자료가 다른 사람의 사생활이나 권리를 [침해]하지 않는지 살펴봅니다.

문제로 어휘力 높여요

본문 80쪽

1 방해

제시된 문장은 휴대 전화의 불빛이나 소리가 연극의 진행을 막아 해를 끼치지 않도록 휴대 전화의 전원을 꺼 줄 것을 부탁하고 있다. 따라서 빈칸에는 ‘남의 일을 간섭하고 막아 해를 끼침.’을 뜻하는 ‘방해(妨害)’가 들어갈 수 있다.

2 공해

제시된 어휘의 뜻에 해당하는 어휘는 ‘공해(公害)’이다. ‘재해(災害)’는 ‘가뭄, 화재, 전염병, 지진, 태풍, 해일, 홍수 따위로 인하여 일어나는 갑작스러운 재난. 또는 그로 인한 피해.’를 뜻하고, ‘이해(利害)’는 ‘이익과 손해.’를 뜻한다.

3 침해

제시된 문장은 저작권과 같은 권리를 침범하여 해를 끼치는 댓글은 삭제될 수 있다는 의미이므로, 빈칸에는 ‘침범하여 해를 끼침.’을 뜻하는 ‘침해(侵害)’가 들어갈 수 있다.

4 ㉢

㉠은 가게에 도난 사고가 벌어져 경제적으로 해를 입었다는 문장이고, ㉡은 쌀값이 뚝 떨어져서 농부들이 경제적으로 해를 입었다는 문장이므로, 빈칸에 ‘돈이나 재산을 잃거나 해를 입는 것.’을 뜻하는 ‘손해(損害)’를 쓸 수 있다. ㉢은 공공 기관이 하는 일에 대한 문장이므로, 빈칸에 ‘정신적으로나 경제적으로 보탬이 되는 것.’을 뜻하는 ‘이익(利益)’ 등이 들어갈 수 있다.

글 쓰며 표현力 높여요

본문 81쪽

예시 오늘부터 가까운 거리는 자전거를 타는 것이 어때? 교통수단을 선택할 수 있는 너희들의 권리를 침해하려는 건 아니야. 하지만 자전거를 이용하면 자동차 매연으로 발생하는 공해 문제를 해결할 수 있을 거야.

18 다툴 쟁(爭)

'다툴 쟁(爭)'이 들어간 어휘

본문 83쪽

경쟁(競爭) — 2
분쟁(紛爭) — 1
전쟁(戰爭) — 3
항쟁(抗爭) — 4

1 법은 개인 간의 문제로 발생하는 [분쟁]을 해결해 주는 역할을 합니다.

2 학급 전체가 하나의 원을 그릴 때에는 [경쟁]보다 협동하는 것을 목표로 합니다.

3 이 춤은 전사들이 [전쟁]에 나가기 전에 자신들의 강함을 나타내기 위해 춘 것입니다.

4 고려는 몽골의 간섭을 받았지만, 끈질긴 [항쟁]으로 나라를 유지하고 고유의 문화를 지킬 수 있었습니다.

문제로 어휘力 높여요

본문 84쪽

1 ④

'말썽을 일으키어 시끄럽고 복잡하게 다툼.'을 뜻하는 어휘는 '분쟁(紛爭)'이다. 따라서 빈칸에 들어갈 글자는 '쟁'이고, 한자는 '다투다', '경쟁하다'를 뜻하는 '爭'이다.

2 나라, 싸우는

'싸움 전(戰)'과 '다툴 쟁(爭)'으로 이루어진 어휘인 '전쟁'은 '나라들이나 민족들이 온갖 무기와 물자를 써서 서로 싸우는 것.'을 뜻한다.

3 경쟁하기도

'경쟁(競爭)하다'는 '같은 목적에 대하여 이기거나 앞서려고 서로 겨루다.'를 뜻한다. 따라서 밑줄 친 '서로 겨루기도'와 바꾸어 쓸 수 있는 어휘는 '경쟁하기도'이다. '보조(補助)하다'는 '보태어 돕다.'를 뜻한다. '협동(協同)하다'는 '서로 마음과 힘을 하나로 합하다.'를 뜻한다.

4 1 분쟁 2 항쟁

1 층간 소음 문제로 이웃끼리 다툼이 자주 일어난다는 문장이다. 따라서 빈칸에는 '말썽을 일으키어 시끄럽고 복잡하게 다툼.'을 뜻하는 '분쟁(紛爭)'이 들어갈 수 있다.

2 외부 세력의 침략에도 끈기 있게 맞서 싸우며 나라를 지켰다는 문장이다. 따라서 빈칸에는 '상대에 맞서 싸움'을 뜻하는 '항쟁(抗爭)'이 들어갈 수 있다.

글 쓰며 표현力 높여요

본문 85쪽

예시 1반과 2반이 화단을 두고 분쟁하고 있으니 해결해 달라는 요청이 있었어. 화단을 쟁취하려고 서로 언쟁하지 말고, 전교생이 투표해서 화단에 무엇을 심으면 좋을지 결정하는 건 어떨까?

19 맺을 약(約)

‘맺을 약(約)’이 들어간 어휘

본문 87쪽

1 후보자가 어떤 선거 [공약]을 발표했나요?

2 자신과 한 [약속]대로 열심히 책을 읽어 뿌듯했습니다.

3 지구 온난화를 막기 위해 여러 나라가 기후 [협약]을 맺었습니다.

4 오늘 아침에 날씨가 나빠져 [예약]해 두었던 낚시 체험이 취소되었습니다.

문제로 어휘 力 높여요

본문 88쪽

1 맹세했다

‘약속(約束)’은 ‘앞으로의 일을 상대방과 미리 정하여 어기지 않을 것을 다짐함. 또는 그런 내용.’을 뜻한다. 따라서 밑줄 친 ‘약속했다’와 바꾸어 쓸 수 있는 어휘는 ‘일정한 약속이나 목표를 꼭 실천하겠다고 다짐함.’을 뜻하는 ‘맹세(盟誓)했다’이다.

2 예약

동영상을 공개할 날짜를 미리 정하여 선택하는 화면이므로 빈칸에는 ‘미리 약속함.’ 또는 미리 정한 약속을 뜻하는 ‘예약(豫約)’이 들어갈 수 있다.

3 양국 간의 공약에서 우리나라는 상대 나라에 기술을 전수하기로 하였다.

‘공약(公約)’은 ‘정부, 정당, 입후보자 등이 어떤 일을 실행할 것을 국민에게 약속함.’을 뜻한다. 첫 번째 문장과 두 번째 문장은 국민에게 한 약속에 대해 말하고 있으나, 세 번째 문장은 국가 간에 서로 의논하여 약속을 맺은 것이므로, ‘공약’이 아니라 ‘협약(協約)’이 들어가야 한다.

4 ④

수영이는 결혼식을 올릴 장소를 빌리겠다는 내용을 정하고 온 것이므로, 첫 번째 빈칸에는 ‘관련되는 사람이나 조직과 서로 지켜야 할 의무에 대하여 글이나 말로 정하여 둠. 또는 그런 약속.’을 뜻하는 ‘계약(契約)’이 들어갈 수 있다. 진서는 결혼식 장소에서 신랑과 신부가 오래도록 사랑할 것을 다짐할 것이라고 말하고 있다. 따라서 두 번째 빈칸에는 ‘앞으로의 일을 상대방과 미리 정하여 어기지 않을 것을 다짐함. 또는 그런 내용.’을 뜻하는 ‘약속(約束)’이 들어갈 수 있다.

글 쓰며 표현 力 높여요

본문 89쪽

예시 나는 방과 후 시간을 즐겁게 보내기 위해서 모든 반이 교대로 체육관을 이용할 수 있도록 다른 반과 협약을 맺을 거야. 학교생활을 즐겁게 보내는 방법을 늘 고민하겠다고 약속할게.

20 마칠 종(終)

'마칠 종(終)'이 들어간 어휘

본문 91쪽

시종일관(始終一貫)	1	그는 [시종일관] 자기의 뜻을 굽히지 않았습니다.
종료(終了)	2	컴퓨터를 끄려면 '전원'의 '시스템 [종료]'을/를 누릅니다.
종일(終日)	3	친구들과 함께 학급 토의를 하여 [최종] 결론을 내려 봅시다.
최종(最終)	4	하루 [종일] 공기 청정기를 켜 놓으면 전기 소모가 많을 수 있습니다.

(연결: 시종일관 — 1, 종료 — 2, 종일 — 4, 최종 — 3)

문제로 어휘力 높여요

본문 92쪽

1 ⑤

'끝', '나중', '마지막'과 비슷한 뜻인 어휘는 '어떤 일이나 시간, 순서 등의 맨 끝.'을 뜻하는 '최종(最終)'이다.

2 시종일관

'처음부터 끝까지 변하지 않는 태도로.'라는 뜻의 어휘는 '시종일관(始終一貫)'이다. 이를 밑줄 친 곳에 각각 넣으면 친구가 처음부터 끝까지 변하지 않고 미소를 띠며 이야기를 하였다는 내용과, 가수의 공연을 처음부터 끝까지 변하지 않고 흥미진진하게 관람했다는 내용이 자연스럽게 이어진다.

3 종류

'종료'에는 '끝내다'라는 의미가, '종점'에는 '맨 끝'이라는 의미가 포함되어 있으므로, 모두 '마칠 종(終)'이 쓰였음을 알 수 있다. 그러나 '종류'에는 '끝내다', '마치다'라는 의미가 포함되어 있지 않다. '종류'에는 '씨 종(種)'이 쓰였다.

4 소연

'지금'은 '말하고 있는 바로 이때.'를, '당장'은 '무슨 일이 생기는 바로 그 자리 또는 그때.'를, '바로'는 '다름이 아니라 곧.'을 뜻하는 어휘이다. 따라서 제시된 어휘들과 '아침부터 저녁까지의 동안.'을 뜻하는 '종일(終日)'은 바꾸어 쓸 수 없다.

글 쓰며 표현力 높여요

본문 93쪽

예시 드라마 방송 시간을 종일 기다리며 설렌다는 여러분의 댓글을 보고 얼마나 감동했는지 몰라요. 이제 우리의 이야기도 종점으로 향하고 있어요. 촬영을 종료해도 여러분의 사랑은 평생 잊지 못할 거예요.

16~20 독해 / 놀이

독해로 마무리해요

본문 94쪽

1 독도

이 글은 독도의 날을 맞아 '제1회 독도 영상 대회'가 열린다고 알리면서, 대회 참가 방법을 안내하고 있다.

2 ③

이 글에서 영상은 10월 2일 낮 12시에 공개되도록 예약해 달라고 말하고 있으므로, 영상은 올리는 즉시 바로 공개되도록 설정한다는 것은 이 글의 내용과 일치하지 않는다.

놀이로 정리해요

본문 95쪽

◎ 쪽지를 읽고 친구 집에 가기 위해 타야 할 버스 번호를 맞혀 보세요.

1
7
4
2

안녕? 친구야! 우리 집에 올 때 타야 할 버스 번호가 궁금하지?
아래 뜻풀이에 해당하는 어휘를 1~0이 적힌 카드에서 찾아봐.
카드의 숫자를 순서대로 나열하면 버스 번호를 알 수 있을 거야.
10분 뒤에 버스가 도착할 예정이야.
시간이 얼마 남지 않았으니 서둘러! 그럼 이따가 우리 집에서 보자~^^

첫 번째 번호	혼자서 모두 차지함. - 독점
두 번째 번호	처음부터 끝까지 변하지 않는 태도로. - 시종일관
세 번째 번호	말썽을 일으키어 시끄럽고 복잡하게 다툼. - 분쟁
네 번째 번호	정부, 정당, 입후보자 등이 어떤 일을 실행할 것을 국민에게 약속함. - 공약

1	2	3	4	5
독점 (獨占)	공약 (公約)	최종 (最終)	분쟁 (紛爭)	공해 (公害)

6	7	8	9	0
경쟁 (競爭)	시종일관 (始終一貫)	단독 (單獨)	침해 (侵害)	협약 (協約)

1

1 ①

② 友 ③ 島 ④ 意

2 ②

① 商 ③ 定 ④ 出

2

1 ②

① 입 구 ③ 물건 물 ④ 바탕 질

2 ④

① 마음 심 ② 뜻 정 ③ 날 생

3

1 ③

溫(따뜻할 온) + 情(뜻 정): 따뜻한 사랑이나 인정.

2 ①

公(공평할 공) + 約(맺을 약): 정부, 정당, 입후보자 등이 어떤 일을 실행할 것을 국민에게 약속함.

4

1 ②

友(벗 우) + 愛(사랑 애): 형제간 또는 친구 간의 사랑.

2 ①

兒(아이 아) + 童(아이 동): 나이가 적은 아이. 대개 사춘기 전의 아이를 이름.

5

1 ③

販(팔 판) + 賣(팔 매): 상품을 팖.

2 ③

意(뜻 의) + 見(볼 견): 어떤 대상에 대하여 가지는 생각.

6

④

① 경합 ② 방해 ③ 전쟁

7

1 ④

始(비로소 시) + 終(마칠 종) + 一(한 일) + 貫(꿸 관): 처음부터 끝까지 변하지 않는 태도로.

2 ①

思(생각 사) + 考(생각할 고) + 方(모 방) + 式(법 식): 어떤 문제에 대하여 생각하고 궁리하는 방법이나 태도.

8

①

- 善(착할 선) + 心(마음 심): 남에게 베푸는 후한 마음.
- 親(친할 친) + 善(착할 선): 서로 간에 가깝고 사이가 좋음.
- 僞(거짓 위) + 善(착할 선): 겉으로만 착한 체함.

② 바랄 망 ③ 홑 단 ④ 펼 전